Claudia Pacheco • Tutti Baê

Canto
equilíbrio entre corpo e som
princípios da fisiologia vocal

Nº Cat.: 378-M

Irmãos Vitale Editores Ltda.
vitale.com.br
Rua Raposo Tavares, 85 São Paulo SP
CEP: 04704-110   editora@vitale.com.br   Tel.: 11 5081-9499

© Copyright 2006 by Irmãos Vitale Editores Ltda. - São Paulo - Rio de Janeiro - Brasil.
Todos os direitos autorais reservados para todos os países. *All rights reserved.*

CIP-BRASIL. CATALOGAÇÃO NA FONTE
SINDICATO NACIONAL DOS EDITORES DE LIVROS, RJ

B13c

Baê, Tutti, 1964-
    Canto : equilíbrio entre corpo e som : princípios da fisiologia vocal / Tutti Bâe, Claudia Pacheco. - São Paulo : Irmãos Vitale

    1. Canto - Instrução e estudo. 2. Canto - Métodos. 3. Voz - Educação - Exercícios.
    I. Pacheco, Claudia, 1959- . II. Título.

ISBN nº 85-7407-212-5
ISBN nº 978-85-7407-212-8

06-2228.

CDD 784.9
CDU 784

22.06.06   26.06.06   015025

Revisão de texto
Maria Helena Guimarães Pereira

Projeto gráfico e Capa
Wiliam Kobata

Coordenação Editorial
Claudio Hodnik

Produção Executiva
Fernando Vitale

Arquivos de áudio *play-a-long* em MP3 estão disponíveis para *download* gratuito em:

vitale.com.br/downloads/audios/378-M.zip

ou através do escaneamento do código abaixo:

Obs.: Caso necessário, instale um software de descompactação de arquivos.

Sumário

Prefácio   5
Apresentação   7
Introdução   9

Capítulo I
   Aparelho respiratório e uso do apoio   17
   Uso do apoio   20
   Vocalizes   25

Capítulo II
   Aparelho fonatório – laringe, pregas vocais e fonação   33
   Fonação   34
   Descrição   34
   Cartilagens   35
   Musculatura laríngea e suas funções   35
   Músculos extrínsecos   35
   Músculos intrínsecos   37
   Músculos adutores   37
   Músculo tensor   39
   Músculo abdutor   39
   Pregas vestibulares ou falsas pregas vocais   41
   Intensidade vocal   41

Capítulo III
   Sistema ressonantal – Ajustes articulatórios e de ressonância   45
   Acústica da voz   46
   Laringe   49
   Faringe   50
   Cavidades nasais   51
   Palato mole ou véu palatino   52
   Efeitos de ressonância   52
   Posicionamento dos articuladores na produção das vogais   56
   Posicionamento dos articuladores das vogais no canto popular   59

Capítulo IV
   Registros vocais   63

Capítulo V
   Vibrato   69
   Vibrato de amplitude   69
   Vibrato de freqüência – mediado pela laringe   69

Capítulo VI
   Exercícios, vocalizes e canções   73

As autoras   95
Bibliografia   101

Prefácio

A magia de um timbre repercutirá em corações desavisados...

Dizem, falam, contam, cantam, gritam, sussurram, louvam...
Exprimem desejo, ira, perplexidade, desencanto, amor, serenidade...

Os seres humanos usam a voz de todas as maneiras possíveis e a sensibilidade de cada um percebe informações, códigos e vibrações que podem modificar o estado de espírito, a determinação e até mesmo o destino. Daí a importância, para quem faz da voz seu instrumento de trabalho, do conhecimento através de aprendizado sério, da conscientização através de exercícios elucidativos e dos cuidados essenciais para a saúde vocal.

Tutti Baê, cantora extraordinária, com sua experiência como professora de canto e preparadora vocal, é apaixonada pelo que faz. Exerce esse dom abençoado com graça, simplicidade e dedicação. Ao se unir a Cláudia Pacheco, fonoaudióloga especialista em voz e pesquisadora incansável, acrescentou a esse seu terceiro livro, base científica, com informações fundamentais, além de instruções com detalhamento fisiológico que possibilita compreender o trajeto dos sons pelo nosso corpo durante o ato de cantar.

As duas profissionais de alto nível se comunicam de forma clara e nos revelam investimento verdadeiro em seus objetivos: aprimoramento da técnica vocal que resultará em saúde física, evolução mental e equilíbrio emocional.

Diga, fale, conte, cante, grite, sussurre, louve... mas com marca registrada, ou seja, com um som próprio, desenvolvido em sua plenitude.

JANE DUBOC

Apresentação

Nossos encontros começaram com o intuito de conhecermos mais e melhor a realidade de cada uma de nós. Queríamos unir nossos conhecimentos com a finalidade de ampliar e aprimorar o atendimento dos cantores que nos procuravam. A cada tarde que passávamos juntas estudando os temas que se referem ao aprendizado e desenvolvimento do canto percebíamos que nossos mundos de trabalho eram muito próximos e que as áreas se complementavam de modo bastante interessante. Observamos que ao somar os conhecimentos musicais do estudo do canto aos conhecimentos científicos da fonoaudiólogia foi nítida a melhora do nível técnico de nossos alunos e clientes. Isso despertou em nós a vontade de escrevermos sobre o que líamos, treinávamos e concluíamos a partir de nossos estudos, como forma de registrar cada um dos nossos encontros. Estes registros ganharam corpo e, no final, concluímos que todas essas anotações poderiam se transformar num livro que ajudasse tanto alunos e professores de canto, quanto cantores e fonoaudiólogos.

Foi assim que surgiu este livro. Nele, o leitor encontrará informações sobre a anatomia e a fisiologia da voz, o uso do apoio respiratório durante o canto, os ajustes articulatórios, os recursos acústicos oferecidos por nossas caixas de ressonância e alguns temas que sempre geram discussões interessantes como os diferentes registros vocais e o vibrato. Achamos que somente informações teóricas não seriam suficientes e, por vezes, se tornariam muito cansativas. Surgiu, então, a idéia de oferecermos áudios com exercícios, vocalizes e *playbacks*, complementando a parte teórica do livro.

Esperamos que cada um possa aproveitar essa leitura da melhor maneira e que as informações aqui contidas possam ajudá-los a desvendar a arte do canto de forma consciente.

Introdução

A voz é o instrumento do cantor. Conhecer e entender a anatomia e a fisiologia do nosso mecanismo vocal é fundamental para se formar um sólido alicerce e desenvolver a técnica desejada. Ter o domínio desse conhecimento possibilita aos cantores e estudantes de canto, além de compreender o que realmente acontece em nosso corpo quando se canta, aprender a usar esses recursos para desenvolver ao máximo seu potencial vocal. Percebemos que muitos alunos passam anos e não conseguem entender como funciona seu instrumento vocal.

Nossa experiência tem nos mostrado que estudar canto sem conhecer a anatomia e a fisiologia do aparelho vocal é como tocar um instrumento sem conhecer como funciona. O aprendizado de qualquer instrumento musical geralmente se inicia pelo conhecimento de suas partes e de suas funções. Não deveria ser diferente com a voz, mas o que temos visto é que os alunos vocalizam sem ter um entendimento correto e aprofundado de seu próprio instrumento, o que acarreta um gasto de tempo desnecessário para o desenvolvimento da técnica. Isso pode ser prejudicial e danoso à saúde vocal.

Sabemos que muitas vezes o acesso a essas informações não é fácil também para o professor de canto, que acumula muitas funções na preparação de um cantor. Assim, achamos que seria interessante iniciarmos este livro por uma breve retrospectiva sobre a História da Música Ocidental, para entendermos melhor a trajetória do canto. Tanto a música instrumental como a cantada, fazem parte da vida de todos nós desde sempre e o estudo dessas artes sempre esteve presente nos relatos históricos.

Se tomarmos como ponto de partida os estudos que chegaram até nós a partir da *Idade Média*, iremos perceber que nesse período o homem era totalmente comandado por sua crença religiosa e a música era voltada para esses cultos. A igreja era detentora de todas as regras a serem rigidamente obedecidas. Nessa época, praticava-se o Canto Gregoriano. Suas características musicais apresentavam linha melódica plana, horizontal, sem grandes saltos e sem acompanhamento instrumental.

Na *Renascença*, a busca da individualidade do homem surge como uma reação aos preceitos da *Idade Média*. O homem não renega a Deus, mas realiza uma mudança em seu modo de pensar e agir. Essa renovação tem como base o interesse pelas artes clássicas, principalmente a Greco Romana. Apesar da busca pelo individualismo, o que realmente se viu na *Renascença* foi o auge da polifonia vocal, que resplandece até o final do século XVII. A monódia começa a tomar força por volta de 1600, favorecida fortemente pela música instrumental do século XVI, que ajuda a liberar o espírito musical individual. Não devemos esquecer que as épocas se entrelaçam e, mesmo com a entrada da monódia, a polifonia segue em frente, porém perdendo força para a música solista. É o início do período *Barroco*, o qual não deve ser lembrado apenas como um estilo, e sim como designação de um período da história da música.

Por volta de 1577, um grupo de literatos, denominado Camerata Fiorentina, se reunia para trocar informações sobre literatura, arte e a nova música, discutindo os efeitos interpretativos que os Gregos conseguiam obter na música que faziam. Concluíram que isso era resultado de a música Grega consistir de uma única melodia cantada solo, podendo vir acompanhada ou não por um coro. Os Gregos, na poesia e no teatro, se utilizavam dos recursos da palavra e do canto em conjunto, para fortalecer e explicitar a expressão de sentimentos. A tragédia Grega serviu, então, de modelo para as mudanças da nova música. Em 1581, Vicenzo Galilei (pai do físico Galileu), membro da Camerata Fiorentina, escreveu o *Diálogo sobre a música Antiga e Moderna*, em que ataca a teoria e a prática do contraponto vocal, utilizada no madrigal italiano. Sua tese pressupôs que só se poderia expressar sentimentos a partir de uma linha melódica com alturas e ritmos apropriados, o que possibilitaria à voz humana a expressão desses recursos. Para Galilei, a simultaneidade de vozes servia mais para exibir o desempenho do compositor do que para transmitir sentimentos e emoções. O modo correto de se musicar um texto deveria utilizar uma melodia solo que pusesse em relevo as inflexões da fala de um orador ou cantor. O novo estilo, essencialmente dramático, intermediário entre a declamação e o canto, aparece na composição de Jacopo Peri (1561-1633) ao musicar o poema de Rinuccini chamado Dafne. Esta obra é apresentada durante o carnaval de 1594, sendo considerado o primeiro melodrama cantado.

Em fevereiro de 1600, Cavallieri apresenta em Roma, no oratório da Vallicella, a sua Rappresentazione di Anima e di Corpo. Esta obra é considerada um melodrama religioso de estilo representativo, apresentada com cenários, figurinos e jogos cênicos. Sua montagem foi iniciativa dos padres como alternativa no combate aos espetáculos profanos. Em outubro desse mesmo ano, foi encenada no palácio Pitti uma "tragédia" de Rinuccini, também musicada por Peri, denominada Eurídice. Esta obra composta em estilo representativo, com rica e variada expressão dramática, leveza e sobriedade nos ornamentos melódicos, mostra que o recitar cantando poderia ser profundamente musical.

Após a apresentação brilhante de Eurídice, o duque de Mântua encomenda a Cláudio Monteverdi, músico da corte, uma pastoral dramática que seguisse o mesmo estilo da obra citada anteriormente. Ele escreve La favola d'Orfeu, apresentada durante o carnaval de 1607 no palácio Ducal com muito sucesso. Depois de Orfeu, os melodramas fiorentinos deixaram de parecer audaciosos. O público burguês começou a encher os teatros de Ópera de Veneza e Monteverdi conseguiu conquistar esse público. Na verdade, Orfeu é considerada a primeira ópera e ainda hoje causa impacto nos teatros em que é apresentada. Nessa ópera, em torno dos solistas cantam coros, porém diferentes dos coros polifônicos. Pela primeira vez, a orquestra aparece composta por quarenta músicos que se apresentam com diferentes instrumentos de cordas, flautas, trompetes, órgão, entre outros. Monteverdi associou a tudo isso cenários, figurinos e dança, transformando a obra no grande sucesso da época. Para alguns autores, Monteverdi é considerado o inventor da música moderna. Foi no período *Barroco* que a música solista ganhou destaque. E por esse motivo os estudos do canto começaram também a ganhar espaço.

No início, a trajetória do estudo do canto foi baseada nas percepções e sensações dos cantores, o que provocou muitas controvérsias sobre alguns temas. Certamente a curiosidade humana jamais deixaria passar em branco um tema tão empolgante como a voz cantada. O funcionamento do instrumento vocal era um mistério, que foi sendo desvendado a partir da descoberta de aparelhos que pudessem analisar o que realmente acontecia no momento do canto.

No que se refere ao funcionamento das pregas vocais, foi a curiosidade de um professor de canto que deu origem a uma descoberta que muito ajudou a ciência e, conseqüentemente, o estudo da voz. No ano de 1865, o cantor e professor de canto Manoel Garcia desenvolveu o espelho laríngeo a partir de um espelho de dentista, e pela primeira vez foi possível observar as pregas vocais em movimento. De lá para cá muitas pesquisas têm sido realizadas no sentido de esclarecer o funcionamento e a produção da voz. O aparecimento de novos aparelhos possibilitou o estudo de diferentes fases do movimento das pregas vocais no momento da fonação e do canto, tais como o estroboscópio, que permite visualizar o movimento vibratório das pregas vocais em diferentes tons.

Muitas teorias foram propostas com o intuito de explicar a produção vocal desde o aparecimento do espelho laríngeo de Manoel Garcia. Em 1958, Van den Berg demonstrou, a partir dos estudos da teoria mioelástica, que a contração e a elasticidade da musculatura intrínseca da laringe permitiam a produção dos tons graves e agudos. Perelló, em 1962, acrescentou a essa teoria a importância do movimento da mucosa que recobre o músculo da prega vocal na produção do som. Em 1993, Hirano e Bless descreveram o movimento de vibração das pregas vocais nos diferentes aspectos da fonação, relatando o comportamento da mucosa no canto e na fala. Desde então as pesquisas atuais englobam não só os aspectos da anatomia e da fisiologia mas acrescentam a esses estudos os recursos de análise acústica computadorizada da voz, bem como das imagens geradas pelos aparelhos de ressonância magnética.

Você pode perceber que muito já foi pesquisado sobre a emissão vocal mas ainda há muito o que se pesquisar sobre esse assunto. Grande parte do que tem sido publicado até hoje sobre técnica vocal vem dos estudos do canto erudito, o que gera certa confusão entre os alunos de canto em geral, que pensam somente existir necessidade de técnica vocal e empostação correta da voz para o canto lírico. Na verdade, a técnica vocal abrange diversas possibilidades de ajustes vocais e estes diferem quando usados no canto popular e no erudito. Cada um desses estilos possui características particulares percebidas quando, por exemplo, escutamos um mesmo cantor cantando uma peça erudita e, num outro momento, cantando jazz e ou música popular brasileira. Portanto, conhecer a produção da voz e ter o domínio da técnica vocal é importante para todos os que cantam independentemente do estilo escolhido. Sabemos que para cantar bem precisamos ter o domínio não só da respiração como também da técnica vocal, conhecimento da fisiologia e anatomia vocal, da teoria musical, ritmo, afinação, dinâmica, solfejo, percepção dos intervalos, conhecimento de harmonia, escolha de repertório, interpretação, presença de palco etc. Nesta publicação daremos enfoque à técnica vocal utilizada no canto popular.

Capítulo I

Capítulo 1

Aparelho Respiratório e uso do apoio
Aparelho Respiratório (Fonte de Energia)

Escolhemos o tema respiração para iniciarmos o livro por ser o ar de grande importância para o canto. Para que a voz possa ser produzida, usamos como matéria-prima o ar que vem dos pulmões.

A respiração, definida como o processo de troca gasosa entre um organismo e o meio a que pertence, é considerada o combustível da voz. Essa troca gasosa nos permite trazer oxigênio para dentro de nosso corpo ao inspirar e, ao expirar, eliminar o gás carbônico.

As inspirações e expirações ocorrem a partir dos níveis de oxigênio no sangue e são naturalmente comandadas pelo sistema nervoso involuntário.

O pulmão é nosso principal órgão do aparelho respiratório, do qual também fazem parte as narinas, fossas nasais, faringe, glote, laringe, traquéia, brônquios, bronquíolos e alvéolos.

A respiração natural pressupõe uma contração muscular ativa durante a inspiração e passiva na expiração. Dessa forma, para que o ar entre e saia do pulmão é necessário principalmente o auxílio da musculatura torácica superior (diafragma, intercostais internos e exter-

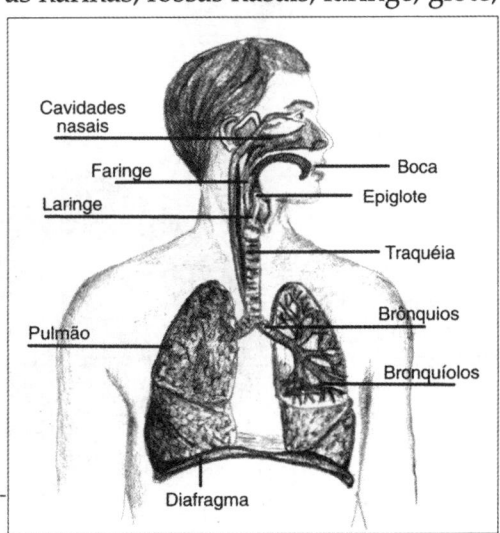

Aparelho respiratório

nos, transverso do tórax e músculos do pescoço) e abdominal (reto abdominal, oblíquo interno e externo e abdominal transverso).

O diafragma, conhecido como o principal músculo da respiração, tem forma de cúpula e insere-se nas vértebras, costelas e no osso esterno. Sua superfície separa o tórax do abdômen. Possui um centro tendíneo que lhe dá resistência, liberando a parte muscular que está em torno desse centro para movimentação durante a inspiração e a expiração. O centro tendíneo do diafragma contrai e abaixa a partir de um comando cerebral que ocorre no início da inspiração. Entra em ação a parte muscular do diafragma, que comprime as vísceras e empurra a parede abdominal para frente. Ao mesmo tempo, as bordas das costelas elevam-se e movimentam-se para fora por ação dos músculos intercostais externos, resultando na expansão e no aumento do volume da caixa torácica. O ar é, então, impelido para dentro dos pulmões e ocorre a inspiração.

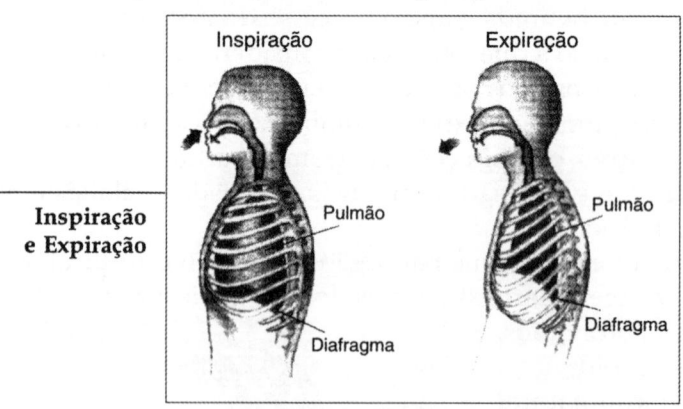

Inspiração e Expiração

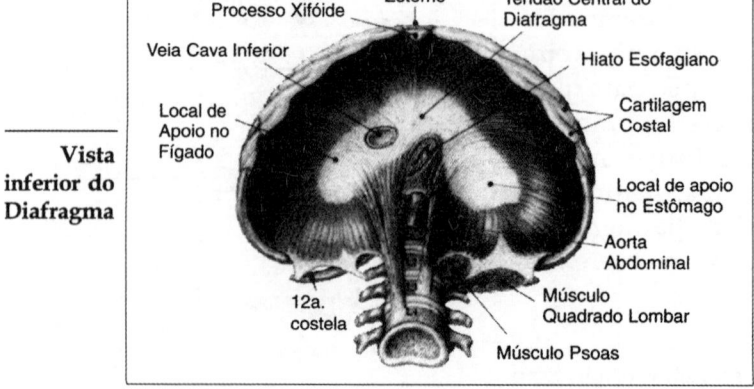

Vista inferior do Diafragma

À medida que os pulmões inflam, os músculos da inspiração diminuem sua atividade de maneira gradativa, colocando em ação as forças passivas da expiração. Como conseqüência ocorre o ato da expulsão do ar para fora dos pulmões, o que causa diminuição do espaço interno do tórax. A ação dos músculos intercostais internos resulta no fechamento das costelas e conseqüentemente elevação do diafragma, que retorna à posição inicial. Assim finaliza a fase da expiração.

Se inspirarmos tentando encher nossos pulmões exageradamente, estaremos forçando a entrada de ar e acabaremos gerando tensão desnecessária na região laríngea e superior do tórax. A mesma sensação de tensão pode ocorrer ao tentarmos, no final da expiração, forçar a saída do ar para terminar uma frase musical quando, na verdade, já deveríamos inspirar novamente.

Você pode tentar fazer isso. Inspire profundamente como se quisesse encher seu pulmão o máximo possível. Perceba que a região de seu peito fica tensa e que essa tensão se reflete também na laringe. Solte o ar emitindo SSSS até que você tenha a sensação de que o ar acabou. Sem inspirar, tente contar os números de 1 a 10. Você deve ter percebido que falar sem inspirar a quantidade de ar necessária para isso também gera tensão em seu corpo e sua voz é emitida de modo tenso.

Existem 3 padrões de respiração considerados naturais e sua denominação se refere aos locais onde percebemos a movimentação de nosso corpo ao inspirarmos. São eles: costal superior, diafragmático abdominal ou inferior e costodiafragmático abdominal.

O tipo respiratório costal superior é aquele que, muitas vezes, utilizamos durante as atividades físicas, pois permite entrada mais rápida de ar e maior oxigenação. Este padrão não é indicado para o canto, pois não permite controle da saída do ar e tenciona a musculatura do pescoço, que está localizada externamente à laringe.

O tipo respiratório diafragmático abdominal ou inferior é o que utilizamos enquanto dormimos.

O tipo respiratório conhecido como o padrão ideal para fala ou canto é o costodiafragmático abdominal, que prioriza a abertura das costelas e, conseqüentemente, provoca anteriorização do osso esterno e abaixamento do diafragma, resultando numa expansão abdominal.

Durante a fala ou canto necessitamos em alguns momentos de maior demanda de ar na expiração; nesse caso, para facilitar a saída do ar e adquirir o controle da expiração utilizamos a musculatura torácica e abdominal, que trabalham em conjunto.

É importante que as aulas de canto sejam acompanhadas de exercícios que propiciem a instalação de padrão respiratório adequado (costodiafragmático abdominal). Para isso, desde a primeira aula sugerimos que o aluno entenda o funcionamento desse mecanismo e passe a usá-lo nos vocalizes mesmo sem dominá-lo. Portanto, treinar o uso da respiração durante os vocalizes é fundamental. O uso automático virá com a prática diária e o professor deverá estar atento para sua utilização.

Uso do apoio

Geralmente, o cantor ou estudante de canto aprende a relacionar o chamado *apoio* apenas ao músculo diafragma. Como vimos anteriormente, ele tem grande importância na respiração, pois é seu abaixamento que permite a entrada de ar nos pulmões. No entanto, outros músculos também participam do *apoio* à coluna de ar durante a expiração no momento do canto, principalmente os músculos da cinta abdominal (reto abdominal, oblíquo interno e externo e transverso do abdômen). Também estão em atividade durante o *apoio* os músculos presentes na musculatura torácica superior (diafragma e intercostais, internos e externos) e musculatura torácica inferior (quadrado lombar, oblíquos e ilíaco). Na verdade, nossas costelas se expandem no momento da inspiração no sentido antero-posterior e lateral. Ao inspirar, perceba que você sente uma ligeira pressão na região das costas, logo abaixo da região posterior das costelas. Essa sensação deve ser confortável e ocorre porque seus músculos entraram em atividade e expandiram o volume da caixa toráxica.

Na expiração, os músculos da cinta abdominal são os mais ativos no momento do canto. O oblíquo externo localizado na parte lateral e frontal do tórax inferior e do abdômen contrai e puxa as costelas para baixo, empurrando o conteúdo abdominal para dentro. Este músculo apresenta contração imediatamente antes da produção do som e podemos perceber sua movimentação especialmente nos vocalizes realizados em *Sttacato* (destacando cada nota). O oblíquo interno, localizado mais profundamente do que o oblíquo externo, ao se contrair também empurra a parede abdominal para dentro e abaixa as costelas. O reto abdominal é um músculo que se localiza paralelamente à linha média do abdômen e insere-se inferiormente no osso pubiano e superiormente nas 5ª, 6ª e 7ª costelas. A contração deste músculo também empurra o conteúdo abdominal para dentro, abaixando o externo e as costelas. O transverso do abdômen localiza-se abaixo do músculo oblíquo interno, na região mais profunda abdominal, inserindo-se no púbis.

Achamos importante descrever os músculos envolvidos no momento do *apoio* para que você perceba a teia de sustentação formada por eles e como sua movimentação contribui para o movimento da parede abdominal. Porém, no momento do *apoio* sua atenção deverá voltar-se para a região pubiana (4 dedos abaixo do umbigo), localizada na região mais baixa de nosso abdômen e na qual estão inseridos vários músculos descritos anteriormente.

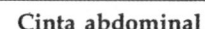

Cinta abdominal

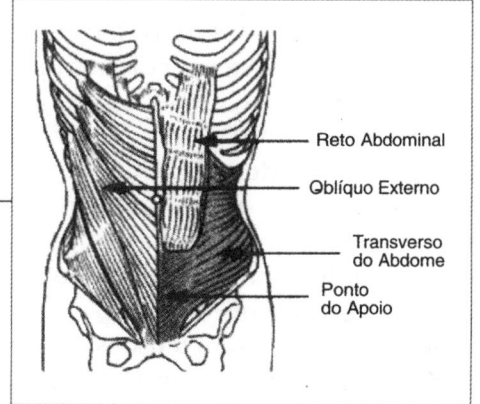

Reto Abdominal
Oblíquo Externo
Transverso do Abdome
Ponto do Apoio

Para o *apoio*, você deverá realizar uma pressão suave e firme da musculatura pubiana. Essa contração gera uma pressão interna na região do abdômen que reflete no diafragma. Este será levemente pressionado para cima, enquanto os músculos intercostais internos irão entrar em ação, provocando lentamente o fechamento das 6 últimas costelas e, conseqüentemente, diminuindo a dimensão do tórax. Toda essa movimentação colabora para empurrar o ar para fora dos pulmões. Assim ocorre o *apoio* no momento do canto.

Vimos que existe toda uma complexidade de músculos que trabalham em conjunto, mas na prática é preciso tonificar a musculatura pélvica e abdominal para que o fluxo do ar mantenha-se constante. Em alguns momentos quando, por exemplo, cantamos notas agudas, precisamos enviar ar à região da laringe com um pouco mais de vigor e o uso do *apoio* irá nos ajudar. O mesmo ocorre quando queremos aumentar o volume/intensidade da voz.

Saber economizar a saída do ar é fundamental para o cantor. No início do estudo do canto é comum percebermos que o aluno ou aluna pressiona a musculatura pélvica e abdominal gradativamente para dentro enquanto canta, achando que dessa maneira está usando o *apoio*. Na verdade, precisamos aprender que, além de pressionar esta musculatura para dentro, é importante conseguir mantê-la parada entre os vários momentos em que os *apoios* são necessários para uma determinada frase musical. A sustentação da musculatura pélvica realizada entre os *apoios* é de grande importância para a firmeza e sustentação da coluna de ar. Lembre-se de que todos esses movimentos devem ser realizados de modo suave sem gerar tensão na laringe.

Para que você treine o uso da musculatura abdominal tomando consciência do *apoio*, criamos uma série de exercícios seguidos de vocalizes. Esses exercícios e vocalizes deverão ser praticados para o uso do *apoio* tornar-se automático. Assim, você não precisará gastar energia prestando atenção ao envio de ar para a produção da voz, pois seu corpo já estará acostumado com esse procedimento. Como nosso corpo é um todo, que só pode ser subdividido didaticamente, é importante lembrar também que sua postura corporal interfere no padrão respiratório. Por esse motivo, você deverá observar se seu corpo está ereto e sem tensões. Observe sua coluna e coloque a cabeça alinhada sem estar projetada para frente ou mesmo pressionada para trás. Você poderá encontrar alguns exercícios que possibilitam a preparação de seu corpo no livro *Canto – Uma Expressão**.

A seguir, iremos descrever os exercícios e vocalizes para a prática do *apoio*. Você perceberá que eles se iniciam com o uso de um movimento de *apoio*, depois de dois *apoios* e, a seguir, de três *apoios*. Após ter se acostumado com o uso separado dos *apoios*, você irá praticar os vocalizes onde inserimos a combinação de vários movimentos de *apoio*.

Os exercícios foram elaborados com a finalidade de ajudá-lo a perceber a movimentação de sua musculatura pélvica e abdominal para que você tome consciência de seus movimentos. Já os vocalizes

---

* Baê, Tutti/Marsola, Mônica. *Canto, uma expressão (Princípios básicos de técnica vocal)*. São Paulo: Irmãos Vitale, 2000.

ajudam a praticar os intervalos dispostos melodicamente, juntamente com o uso da musculatura trabalhada no *apoio*. Esses exercícios devem ser repetidos diariamente até que você consiga fazer uso do *apoio* e do padrão correto respiratório de forma automática. Entender, fazer os exercícios, usá-los na vocalização e depois utilizar esses recursos durante o canto, requer prática e dedicação. Interiorizar essa técnica só é possível com o estudo contínuo. Cada pessoa tem seu tempo de assimilação; assim, não se preocupe em obter resultados rápidos. A constância na prática dos exercícios deve ser seu foco de atenção. Lembre de que os atletas dedicam-se todos os dias ao treino de sua modalidade, pois é a única maneira de adquirir maestria em seu desempenho.

Nesse momento, você pode optar por treinar os exercícios abaixo e os vocalizes propostos ou continuar a leitura dos próximos capítulos para conhecer melhor o funcionamento do aparelho vocal como um todo.

Sugerimos que os vocalizes sejam praticados de preferência na frente do espelho, num lugar tranqüilo, para que você possa observar sua postura, possíveis tensões, a sutileza do timbre, afinação e ritmo. Sem falar que praticar esses exercícios em locais barulhentos como, por exemplo, dentro do carro fará com que você use volume de voz excessivo sem perceber, causando um possível desgaste vocal. Se você nunca praticou esse tipo de exercício, sugerimos que não ultrapasse 20 minutos e lembre-se de que não deverá sentir cansaço durante ou após terminar de praticá-los. Os vocalizes deste capítulo foram realizados para que você treine o uso do *apoio*. Após a leitura do livro, refaça-os juntamente com os do capítulo VI, seguindo as informações contidas nos outros capítulos.

Consideramos de grande importância o auxílio de um professor de canto para acompanhar seu desempenho, ajudando-o na compreensão dos tópicos do livro e, ao mesmo tempo, orientando-o na escolha do repertório.

Gostaríamos de lembrar que esta é a primeira etapa: o ar, o uso do *apoio*.

Nos próximos capítulos, continuaremos conhecendo melhor a fisiologia do nosso instrumento vocal.

Exercício 1

Expire todo o ar esvaziando a barriga, conte 4 segundos e inspire expandindo a musculatura torácica e abdominal. Coloque as mãos um pouco acima da cintura e sinta como as costelas se expandem durante a entrada de ar e como a musculatura lateral do abdômen ganha mais tônus (cuidado para não levantar o peito e os ombros durante a entrada do ar).

Solte o ar emitindo o som prolongado "sssss", durante 10 segundos, observando a movimentação da musculatura abdominal para dentro.

Preste atenção na região do seu pescoço, pois você não deve tensionar essa musculatura.

Ao terminar a expiração em "sssss" faça uma pausa de 4 segundos e inspire novamente. Em seguida, solte o ar emitindo o som prolongado "ffffff".

Este exercício é importante para que você automatize a entrada e saída do ar, inspiração e expiração. Gradativamente você poderá aumentar o tempo da expiração para 15, 20, 25 segundos.

A cada vez que realizar o exercício você pode trocar o som por xxxx, zzzz, jjjj, vvvv.

Ouça nos áudios - Faixa 1

ssssssss

Exercício 2

O controle da musculatura expiratória começa de baixo para cima, ou seja, iniciamos o processo de saída do ar realizando uma gradativa pressão na região pubiana.

Em pé, você deve medir quatro dedos abaixo do umbigo. Ao fazer tal contração será possível perceber a contração da musculatura pélvica.

Na verdade, de agora em diante direcionaremos nossa atenção para o local onde observamos a contração pélvica.

Sugerimos que no primeiro momento você faça a contração pélvica seguida de uma contração abdominal que irá completar o movimento necessário ao "apoio". A contração deve ser firme, mas sem exageros, para que não interfira na constância da coluna de ar.

Lembre-se mais uma vez de manter seu corpo ereto e livre de tensão enquanto realiza o exercício.

Inicie soltando o ar pela boca como você fez no exercício 1. Em seguida, relaxe a musculatura da barriga, deixando o ar entrar naturalmente pela boca e pelo nariz. A entrada de ar deve ser silenciosa e natural. A saída do ar deverá ser realizada pressionando a musculatura pélvica para dentro. No exercício 1, você soltou o ar de forma gradativa; neste exercício, o objetivo é tonificar a musculatura pélvica e abdominal, portanto iremos soltar o ar de uma só vez, emitindo o som de /S/. Ouça nos áudios a maneira como deve ser feito. Em seguida, relaxe a musculatura abdominal, percebendo que o ar entra automaticamente. Repita o movimento durante 1 minuto. Descanse e repita mais uma vez.

Ouça nos áudios - Faixa 2

S/S/S/S/S

Sugerimos que antes de fazer os vocalizes você pratique bastante os exercícios 1 e 2, para interiorizar o uso do *apoio*.

Vocalizes

Para os primeiros vocalizes você irá utilizar um *apoio*. Em primeiro lugar, vamos fazer o vocalize de aquecimento, que será realizado com BRRRRR (vibração de lábio); depois repita o exercício de aquecimento com RRRRRR (vibração de ponta de língua). Neste vocalize pense que está emitindo o som RRRRRRUUU, pois quando emitimos a vogal U a parte posterior da língua se eleva ligeiramente, evitando tensão na região de sua base.

O sinal "v" indica o local de inspiração. Lembre-se de que para o ar entrar é preciso relaxar a musculatura abdominal. O sinal "__" indica o momento em que você deverá pressionar a musculatura pubiana, como trabalhado no exercício 1 e 2, e desta maneira realizar o apoio à coluna de ar.

Os vocalizes foram elaborados entre *lá 2* e *sol 4*.

Todos os vocalizes devem ser realizados de modo suave, com pouco volume, para que você consiga manter o equilíbrio da musculatura que trabalha no momento dos agudos e dos graves.

Ouça nos áudios - Faixa 3

1 APOIO
AQUECIMENTO 1

Vibração de ponta da língua com consoante vibrante (rrrrrr), ou vibração de lábio (brrrrr).

1 APOIO
VOCALIZE 1 - Faixa 4

Os Vocalizes de 1 *apoio* continuam no Capítulo VI (módulo de vocalizes e *playbacks*).

No exercício 2 foi possível perceber que ao pressionarmos a musculatura pélvica e abdominal sentimos mais facilidade para atingirmos a altura da nota equilibrando a afinação, com boa emissão e sem grande esforço. Porém, para cantarmos frases mais longas, um só *apoio* não é suficiente. Faremos, então, vocalizes com dois *apoios*, ou até mesmo três. O próximo exercício nos mostra como usar o *apoio* nestas situações.

Exercício 3

Devemos iniciar sempre da mesma maneira que nos exercícios anteriores. Solte o ar pela boca e depois deixe o ar entrar naturalmente pela boca e pelo nariz, observando a expansão em toda região das costelas e do abdômen. Vamos dividir a saída do ar em duas etapas: na primeira, solte ao ar emitindo o som "S" prolongado, contraindo a musculatura pélvica até a metade, **pare** e contraia a musculatura pélvica até o final emitindo o som "F" prolongado até acabar o seu ar. Inspire novamente e repita o exercício pelo menos duas vezes antes de iniciar os vocalizes.

Ouça nos áudios - Faixa 5

S/F

Os vocalizes a seguir irão ajudá-lo a treinar o uso de 2 *apoios* numa mesma expiração.

Ouça nos áudios

VOCALIZE 2 - Faixa 6

Vocalize 3 - Faixa 7

Os Vocalizes de 2 apoios, continuam no Capítulo VI (módulo de vocalizes e *playbacks*).

Exercício 4

    Vamos fazer este exercício utilizando três *apoios*. Siga a orientação do exercício 3. Expire, inspire, pressione a região pélvica emitindo "S"; **pare** e continue a pressionar a região pélvica e abdominal emitindo "F"; **pare** novamente e pressione emitindo "X" até o final do seu ar. Repita esse exercício pelo menos 3 vezes antes de iniciar os vocalizes. Observe que todo este exercício foi realizado durante um mesmo ciclo respiratório.

OUÇA NOS ÁUDIOS

S / F / X - FAIXA 8

    Vamos vocalizar utilizando 3 *apoios*.

VOCALIZE 4 - FAIXA 9

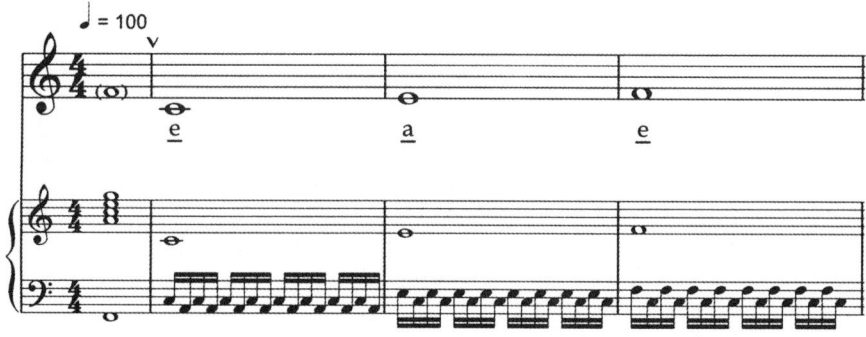

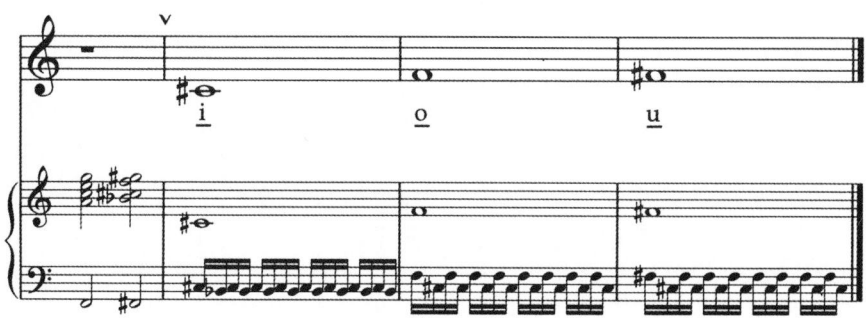

Vocalize 5 - Faixa 10

Capítulo II

Aparelho Fonatório - Laringe, Pregas vocais e Fonação
Laringe (Elementos Vibrantes)

Como vimos anteriormente, para que a fonação possa ocorrer existem inúmeros fatores que colaboram para isso e a respiração foi entre estes fatores, o que primeiro escolhemos para descrever. A seguir, explicaremos o que ocorre no momento da fonação, tendo como base a fisiologia e a anatomia vocal.

O aparelho fonador é composto, basicamente, pela laringe onde estão localizadas as pregas vocais, pelos pulmões, traquéia, bem como pelas estruturas articulatórias e ressoadoras, as quais serão descritas no capítulo III. A laringe, estrutura que faz parte do aparelho respiratório está localizada na região anterior do pescoço. É formada por músculos e cartilagens, limitando-se inferiormente na traquéia e superiormente no osso hióide. Em relação à região cervical, está no nível das 3ª, 4ª, 5ª e 6ª vértebras cervicais. Dependendo da idade, sexo, posição da cabeça, ato da respiração, fala, canto e deglutição a laringe pode mover-se, elevando-se, abaixando-se, deslocando-se para frente e para trás. Assim como suas cartilagens e músculos, a laringe é extremamente versátil, capaz de realizar numerosos *"ajustes"* que colaboram para a produção dos diversos tons e intensidades vocais. Sobre alguns destes ajustes falaremos mais detalhadamente no capítulo III.

A laringe tem função biológica e não biológica. Sua função biológica é possibilitar a entrada e saída de ar do pulmão e também proteger a via aérea durante a deglutição, expulsando elementos estranhos através da tosse. Sua função não biológica é a fonação. Assim, o som é produzido, enquanto as funções biológicas não acontecem.

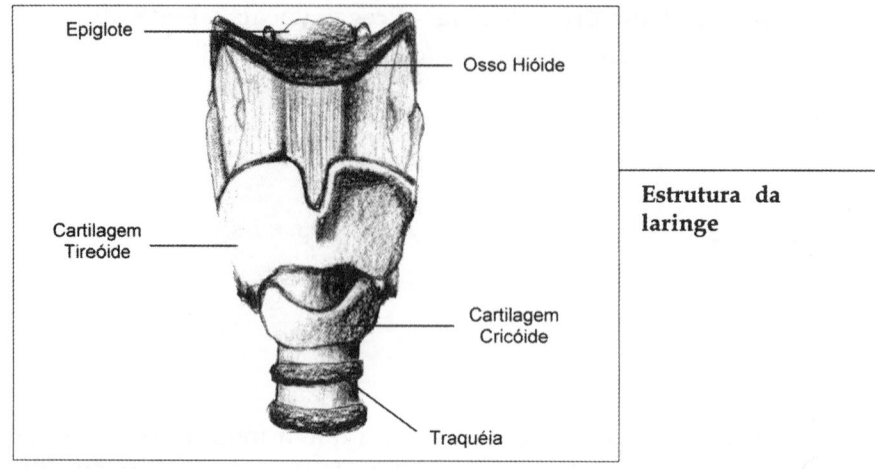

Estrutura da laringe

FONAÇÃO

Possuímos um par de pregas vocais localizado horizontalmente na laringe em formato de "V". Anteriormente, as pregas vocais se prendem na cartilagem tireóide e posteriormente nas cartilagens aritenóides, o que possibilita o movimento de abre e fecha que elas realizam respectivamente no ato da respiração e fonação. Elas são maiores nos homens do que nas mulheres, medindo respectivamente de 17 a 24 mm (homens) e 13 a 17 mm (mulheres). No ato da fonação, as pregas vocais são aproximadas por ação dos músculos responsáveis por sua adução, os quais, comandados pelo cérebro, efetuam o fechamento do espaço que existe entre elas. Este espaço é denominado glote. Para que possamos entender como ocorre a fonação, é necessário compreender o funcionamento da musculatura envolvida, a movimentação das estruturas que fazem parte da laringe, além do comportamento e estrutura da mucosa que recobre as pregas vocais. A seguir, descreveremos as estruturas que fazem parte da laringe, juntamente com a atuação dos músculos intrínsecos e extrínsecos que participam da fonação.

DESCRIÇÃO

As cinco principais cartilagens que formam a laringe são: epiglote, tireóide, cricóide e o par de aritenóides. As cartilagens dão estrutura à laringe e apoio aos músculos intrínsecos e extrínsecos que fazem parte do arcabouço laríngeo. A musculatura que compõe a estrutura laríngea possibilita a movimentação dessas cartilagens.

Cartilagens

A cartilagem *epiglote* evita que os alimentos entrem na laringe durante a deglutição, direcionando-os para o esôfago. A *tireóide* é a cartilagem onde está inserida a porção anterior do músculo Tireoaritenóideo (TA), considerado corpo das pregas vocais. Ela é a maior cartilagem da laringe e possui formato mais proeminente nos homens, sendo denominada popularmente "Pomo de Adão". A parte posterior das pregas vocais insere-se nas cartilagens *aritenóides*, que possuem formato piramidal e encaixam-se no topo posterior da cartilagem *cricóide*. Essa tem formato de anel e está localizada no topo da traquéia.

Musculatura Laríngea e suas Funções

Em geral, os músculos têm sua origem numa estrutura relativamente fixa do nosso corpo. A parte oposta do músculo insere-se na estrutura (osso ou cartilagem) que será movimentada. Ao entrarem em atividade, os músculos provocam um encurtamento das fibras musculares. Assim, quando solicito a ação de um determinado músculo seu corpo será encurtado. Na laringe, a ação dos diversos músculos divididos em extrínsecos e intrínsecos determina respectivamente movimentos de abaixamento e elevação da laringe, bem como de abertura e fechamento das pregas vocais.

A seguir, descreveremos os músculos extrínsecos e intrínsecos da laringe, suas funções e locais de inserção. Num primeiro momento, pode ser que o assunto pareça muito específico e você se sinta participando de uma aula de anatomia. Mas lembre-se de que esse conhecimento ajudará a entender como sua voz realmente acontece, facilitando a compreensão de conceitos que, às vezes, por serem muito subjetivos, tornam-se difíceis de serem colocados em prática.

Músculos Extrínsecos

Os músculos extrínsecos estão ligados à laringe e a alguma outra estrutura externa a ela. Um exemplo é o músculo esternotireóideo, que tem sua origem no osso esterno localizado no tórax e insere-se na cartilagem tireóide que faz parte da estrutura da laringe.

Os músculos extrínsecos têm como função sustentar, elevar e abaixar a laringe no pescoço. Grande parte deles possui uma de suas partes presa ao osso hióide, localizado abaixo da parte posterior da língua e a outra parte presa a uma estrutura fora da laringe. Dessa forma, a estabilidade da laringe fica garantida, o que possibilita a livre movimentação da musculatura intrínseca envolvida no processo de fonação. Tensões na musculatura extrínseca podem prejudicar a movimentação da laringe. Cabe ressaltar que os movimentos realizados pela língua também interferem na movimentação da laringe, pois sua base está presa ao osso hióide. É importante que o cantor cuide para não tensionar ou empurrar a língua para o fundo da garganta, enquanto canta, o que poderia prejudicar a livre movimentação da laringe.

Os oito músculos extrínsecos encontram-se divididos em 2 grupos: elevadores ou supra-hióideos localizados acima do osso hióide e abaixadores ou infra-hiódeos, abaixo do osso hióide. Para que você possa perceber a movimentação de sua laringe ao cantar coloque a mão na frente do pescoço e emita a vogal "U" em tom agudo e, em seguida, em tom grave. Você deve ter notado que quando executou o som agudo sua laringe elevou-se e isso se deu por ação dos músculos elevadores. Quando produziu o som grave, sua laringe abaixou-se devido à ação dos músculos abaixadores. A elevação e o abaixamento da laringe são movimentos presentes na emissão das notas agudas e graves. É importante lembrar que ao cantar você deve buscar uma movimentação livre e flexível de sua laringe. Por ela estar localizada na região cervical, o cuidado com a postura não é apenas um clichê de aulas de canto e sim um cuidado necessário, que beneficia a movimentação da laringe. Alguns estilos de canto podem

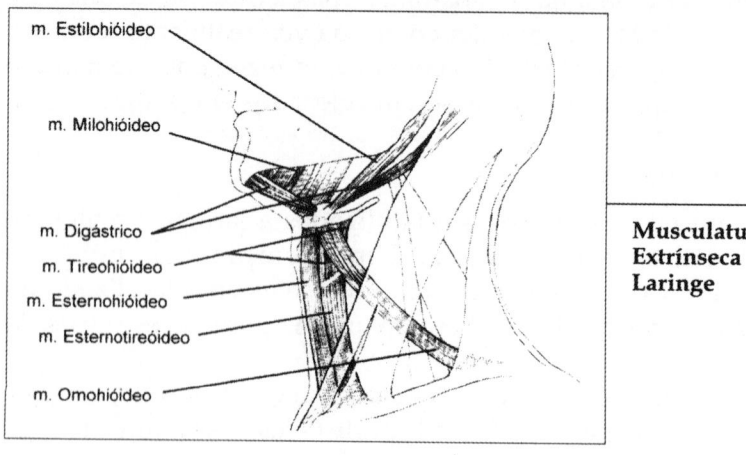

Musculatura Extrínseca da Laringe

requerer uma posição específica da laringe como, por exemplo, o canto erudito, que prioriza uma posição mais baixa da mesma.

Músculos Extrínsecos dividem-se em:
1) elevadores: digástricos, genio-hióideos, milo-hióideos, estilo-hióideos.
2) abaixadores: omo-hióideos, esterno-hióideos, esternotireóideos e tiro-hióideos.

MÚSCULOS INTRÍNSECOS

Os músculos intrínsecos responsáveis pela movimentação das pregas vocais dividem-se em adutores, abdutores e tensores. Os músculos abdutores têm como função separar as pregas vocais durante a inspiração, e os músculos adutores atuam unindo as pregas vocais no ato da fonação e deglutição. Os músculos tensores alongam as pregas vocais. A seguir, iremos descrever com mais detalhes a anatomia e fisiologia desses músculos. Acompanhe a descrição juntamente com as fotos para ter uma imagem clara de todo seu aparelho fonador.

MÚSCULOS ADUTORES (fecham as pregas vocais)

TIREOARITENÓIDEO (TA) - Também chamado músculo vocal, divide-se em duas partes: externa e interna.

Músculo Tireoaritenóide (TA)

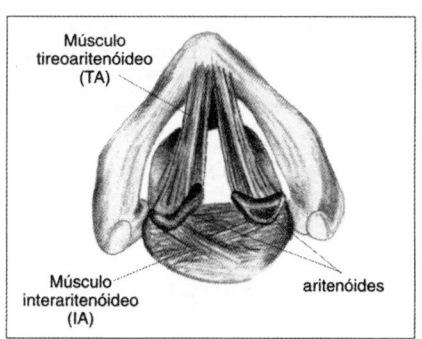

A porção interna desse músculo é o que chamamos de corpo das pregas vocais. A ação adutora desse músculo é importante para o fechamento das pregas vocais no momento da fonação. No canto, dependendo do som produzido, esse músculo terá maior ou menor atuação. Quando emitirmos sons graves, entrará em ação e nossas pregas vocais apresentarão uma forma mais encurtada. Ao emitirmos sons mais agudos, esse músculo precisará diminuir sua atividade, para que entre em ação o músculo tensor das pregas vocais.

Cricoaritenóideo lateral (CAL) - Esse músculo ajuda no fechamento da parte medial e posterior das pregas vocais, juntamente com o músculo interaritenóideo (IA).

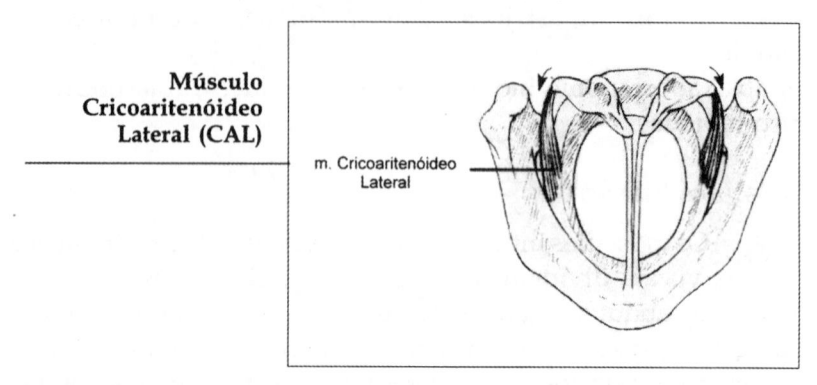

Músculo Cricoaritenóideo Lateral (CAL)

m. Cricoaritenóideo Lateral

Interaritenóideo (IA) - Sua contração aproxima a parte posterior das pregas vocais.

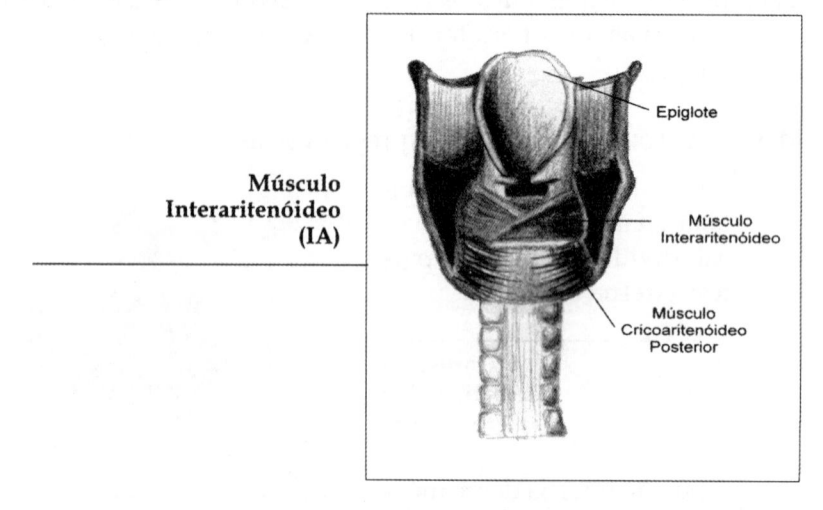

Músculo Interaritenóideo (IA)

Epiglote

Músculo Interaritenóideo

Músculo Cricoaritenóideo Posterior

Portanto, para que ocorra o fechamento completo das pregas vocais esses três músculos precisam entrar em funcionamento. Quando, por exemplo, CAL e IA diminuem sua atuação, a parte posterior das pregas vocais permanece aberta, apresentando uma fenda posterior. É isso que ocorre quando queremos emitir notas musicais de modo soproso. Lembre-se de que abusar de soprosidade ao cantar sobrecarrega o contato da região medial das pregas vocais e isso pode acarretar danos à mucosa que recobre o músculo vocal (TA).

MÚSCULO TENSOR
(tensiona/alonga as pregas vocais)

> CRICOTIREÓIDEO *(CT)* - Possui duas partes, a reta e a oblíqua. Sua contração provoca a aproximação das cartilagens tireóide e cricóide. Como conseqüência desse movimento ocorre tensão e alongamento das pregas vocais, possibilitando a emissão de tons mais agudos durante a fonação.

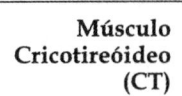

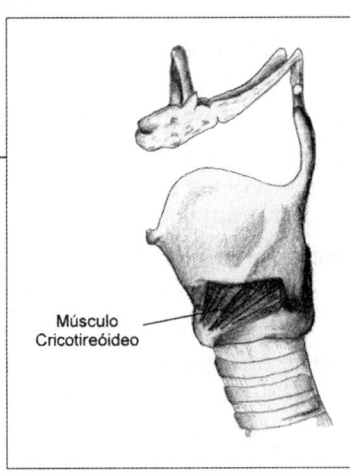

Músculo Cricotireóideo (CT)

Músculo Cricotireóideo

Movimento do Cricotireóideo

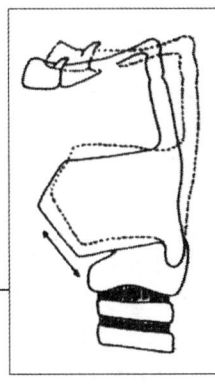

A contração do músculo cricotireóideo diminui a distância entre as cartilagens tireóide e cricóide, provocando alongamento do músculo vocal preso à cartilagem tireóide.

MÚSCULO ABDUTOR (abre as pregas vocais)

> CRICOARITENÓIDEO POSTERIOR *(CAP)* - Sua contração movimenta as cartilagens aritenóides para fora abrindo as pregas vocais durante a inspiração. Portanto, sua atividade fica reduzida no momento da fonação.

A produção do som vocal depende do ar que sai dos pulmões, impulsionado pela cinta abdominal. Ao romper a resistência decorrente da aproximação das pregas vocais, o ar provoca um movimento ondulatório na mucosa que recobre o músculo vocal (TA). A vibração da mucosa é a responsável pela produção do som gerado nas pregas vocais. Hirano (1988) demonstrou, por meio de estudos histológicos, que a estrutura maleável da mucosa é composta de uma camada inicial denominada epitélio, responsável pela forma das pregas vocais e por uma outra camada que se subdivide em superficial, intermediária e profunda, estando abaixo dessa camada o músculo vocal.

Segundo Hirano, didaticamente as pregas vocais poderiam ser divididas em duas estruturas principais: o corpo (músculo vocal) e a cobertura. O corpo é o responsável pela sustentação da mucosa, o que proporciona a ela liberdade de movimentação. Por ser a mucosa um tecido bastante maleável, a coluna de ar que vem dos pulmões, ao encontrar as pregas vocais fechadas rompe a resistência criada por esse fechamento num movimento que ocorre de baixo para cima. Ao passar entre as pregas vocais, o ar provoca uma sucção da mucosa (*efeito de Bernoülle*), que resultará no fechamento do lábio inferior das pregas vocais. Inicia-se, então, um novo ciclo

Movimento das Pregas Vocais na Fonação

de fechamento e abertura. Portanto, um ciclo vibratório ou glótico implica em fase de fechamento e abertura das pregas vocais gerando o som fundamental da voz. Ao produzirmos um som grave, as pregas vocais irão abrir e fechar menos vezes; e se estivermos produzindo um som agudo, abrirão e fecharão mais vezes.

Quando emitimos um som que corresponda à nota LA2 cujo valor em Hertz é 220, nossas pregas vocais irão abrir e fechar 220 vezes para que esse som possa ser produzido. A cada movimento de fechamento das pregas vocais, a passagem de ar é rapidamente interrompida, provocando no meio aéreo momentos de compressão e rarefação que são representados acusticamente por ondas sonoras.

O som fundamental, ao ser encaminhado para as estruturas que se encontram acima das pregas vocais (região supraglótica), pode ser amplificado ou abafado sofrendo efeito de ressonância, e em seguida, ser modificado pelo posicionamento dos articuladores, transformando esse som em fala ou canto.

PREGAS VESTIBULARES ou FALSAS PREGAS VOCAIS

As falsas pregas vocais localizam-se acima das pregas vocais. Possuem inúmeras glândulas em seu interior, além de fibras do feixe superior do músculo tireoaritenóideo (TA). As falsas pregas não participam do ato natural da fonação. Sua ação é evidente em situações onde o fechamento intenso da laringe é necessário como, por exemplo, na execução de atividades que requerem esforço físico, tais como: defecação, levantamento de peso ou quando precisamos empurrar algo pesado. Em alguns momentos de fonação em que freqüências muito graves são utilizadas como, por exemplo, no registro basal (fry), as falsas pregas vocais podem entrar em atividade.

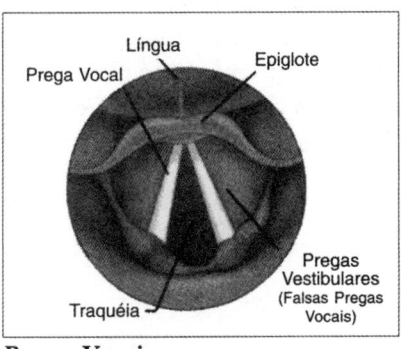

INTENSIDADE VOCAL

Para que ocorra o aumento da intensidade vocal, ou seja, do volume da voz, é importante que as pregas vocais estejam aproximadas de modo mais intenso. Este fechamento provoca maior pressão subglótica (abaixo das pregas vocais), o que dificultará a passagem da coluna de ar que deve romper esta resistência. Assim, quanto maior for o grau de fechamento das pregas vocais acompanhado de aumento do fluxo aéreo impulsionado pela cinta abdominal, maior será a intensidade do som produzido. No canto, isso irá acontecer naturalmente em decorrência do uso correto do *apoio* bem como da prática da vocalização, permitindo maior tonicidade muscular.

Você deve ter percebido que para a fonação ocorrer, precisamos da colaboração de inúmeros fatores. O cérebro precisa enviar aos músculos a ordem que desencadeia a atividade dos mesmos. Em seguida, a coluna de ar terá que romper a resistência decorrente do fechamento das pregas vocais, o que possibilitará a vibração da mucosa que recobre o músculo vocal (TA), dando origem ao som da voz. A tonalidade do som produzido está relacionada ao alongamento do músculo vocal em decorrência da ação do músculo cricotireóideo (CT) resultando na emissão de sons agudos. Enquanto que para a produção dos tons graves entra em ação o músculo vocal ou tireoaritenóideo (TA).

Para que todos esses aspectos sejam treinados é importante que o aluno ou aluna pratique os exercícios propostos no Cap. I, bem como as atividades de vocalização o que possibilitará maior e melhor desempenho da musculatura envolvida na fonação.

Capítulo III

Sistema Ressonantal
Ajustes articulatórios e de ressonância

No primeiro capítulo, falamos sobre o aparelho respiratório e o uso do *apoio*. No segundo, abordamos a musculatura intrínseca e extrínseca da laringe, englobando a estrutura anatômica e funcional das pregas vocais quando utilizadas durante a fonação e ou canto.

Neste capítulo, vamos conhecer o que acontece com o som depois que sai das pregas vocais. Este é um dos pontos desafiantes para o cantor, pois muitas são as opiniões e grandes são as divergências sobre esse assunto. Isto se deve ao fato de o cantor não saber como funciona a amplificação do som e qual é exatamente o aparelho ressonador.

Muitas vezes o cantor escuta conselhos do tipo: *ovala mais a boca, abra o fundo da garganta, deixa o som subir*, na tentativa de ajudá-lo a produzir a melhor sonoridade possível no momento do canto. Esses conselhos muitas vezes são quase impossíveis de serem seguidos porque o cantor não entende exatamente o que fazer com essas informações. Na verdade, é o uso das estruturas de ressonância que possibilita ao cantor obter maior amplitude de sonoridade da voz, homogeneidade em toda sua tessitura, projeção da voz com volume e sem esforço, afinação, brilho e a melhora do colorido do timbre.

Você deve ter percebido que nesse capítulo falaremos de ressonância. Antes de iniciarmos esse assunto, consideramos importante que você compreenda alguns aspectos ligados à física acústica e que estão relacionados à ressonância do som, tais como vibração, onda sonora, freqüência, harmônicos e timbre.

Acústica da Voz

A acústica é um ramo da física que estuda o som e suas propriedades. O som é definido, acusticamente, como uma onda que vibra e se propaga num meio elástico como, por exemplo, o ar. O ar é feito de partículas ou moléculas, que se movem em resposta à energia que o movimenta. Se fizermos vibrar a corda de um violão o vai-e-vem que se repete recebe o nome de vibração. Estas vibrações põem as moléculas de ar em movimento, deslocando-as e fazendo-as voltar ao lugar anterior. Esse vai-e-vem é representado na forma de ondas sonoras, que se propagam em todas as direções. As ondas sonoras, ao atingirem nossos ouvidos, colocam em movimento a membrana do tímpano. Esta movimentação do tímpano é transmitida ao cérebro por impulsos nervosos, possibilitando que os diferentes sons sejam identificados por nós. Portanto, *o som é a sensação produzida no ouvido pela vibração de corpos elásticos.*

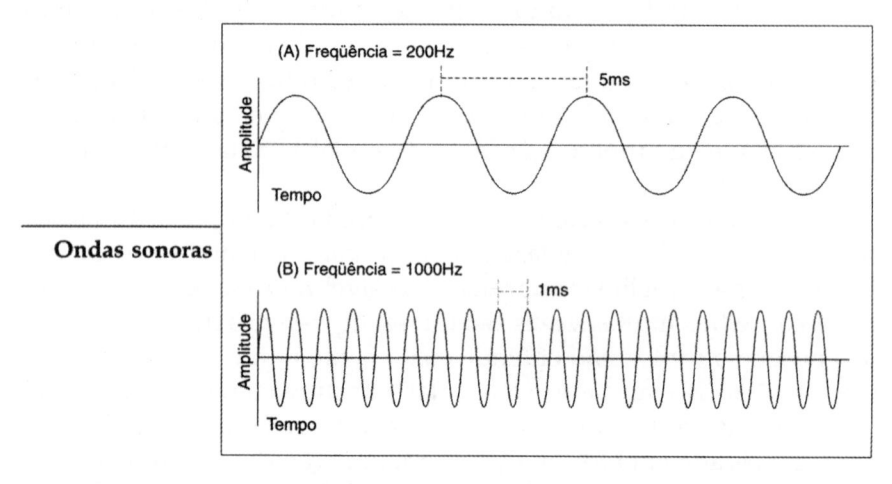

Ondas sonoras

(A) Freqüência = 200Hz — 5ms
(B) Freqüência = 1000Hz — 1ms

As propriedades do som são:

Altura - determinada pela freqüência mais grave ou aguda. Na notação musical identifica-se a altura pela posição da nota no pentagrama e pela clave.

Duração - tempo de produção do som. Na notação musical é representada pela figura da nota e pelo andamento.

Intensidade - determinada pela amplitude das vibrações, dando ao som a propriedade de ser mais forte ou mais fraco. Na notação musical é representada por sinais de dinâmica.

Timbre - qualidade do som que permite reconhecer sua origem. Dependendo do som que ouvimos, podemos identificá-lo como sendo de um piano, de um violino ou de uma voz.

Outros aspectos importantes que fazem parte do som que escutamos são:

Freqüência - corresponde ao número de vibrações por segundo do corpo elástico que está vibrando, sendo medida em hertz. Assim, ao cantarmos a nota lá 3, sua medida em hertz tem o valor de 440hz. É como se nossas pregas vocais vibrassem 440 vezes. Portanto, cada nota tem um valor em Hertz.

Harmônicos - o som tem uma freqüência principal denominada freqüência fundamental. Essa freqüência vem acompanhada de outras freqüências ou sons secundários denominados harmônicos.

Toda nota é formada por uma série harmônica, como podemos ver abaixo:

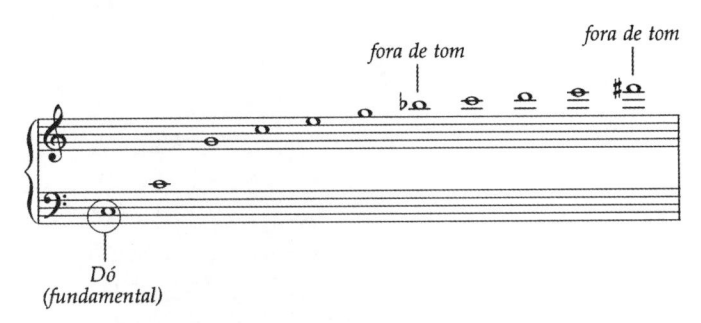

Quando cantamos ou falamos, o som produzido por nossas pregas vocais percorre um trajeto bastante interessante até chegar aos nossos ouvidos. A partir de agora iremos descrever os aspectos relacionados à ressonância do som produzido por nossas pregas vocais.

Como vimos no capítulo anterior, o som da voz ocorre devido ao movimento ondulatório da mucosa das pregas vocais, que fecham e abrem o espaço da glote provocando modulações no fluxo aéreo. Esses movimentos produzem vibrações. A diferença na produção de um som grave ou agudo é resultado da ação muscular e da pressão do ar, o que determina o número de vibrações de nossa prega vocal. As ondas sonoras que correspondem ao som grave são amplas e necessitam de espaços maiores para ressoarem. Já as ondas sonoras agudas são amplificadas em espaços pequenos. Assim o que escutamos não é somente o som que sai de nossas pregas vocais. Na verdade, esse som (ondas sonoras) é modificado, ou melhor, é filtrado ao passar por nosso trato vocal, podendo ser amplificado ou abafado. É a forma do trato vocal que determina suas propriedades de ressonância. Portanto, mudanças na forma do trato vocal resultam em mudanças nas freqüências de ressonância. Para que você possa compreender melhor o que ocorre, é importante saber que as estruturas que fazem parte do trato vocal são: laringe, faringe, palato mole e palato duro, língua, mandíbula, dentes, lábios (cavidade oral) e cavidade nasal. Essas estruturas interferem no som produzido pelas pregas vocais de diversas maneiras, seja modificando a ressonância ou desempenhando a função de articuladores do som. Portanto, cada um de nós é único, pois possuímos caixas de ressonância diferentes.

Trato Vocal

Palato
Cavidade nasal
Cavidade oral
Língua
Nasofaringe
Orofaringe
Laringofaringe
Laringe

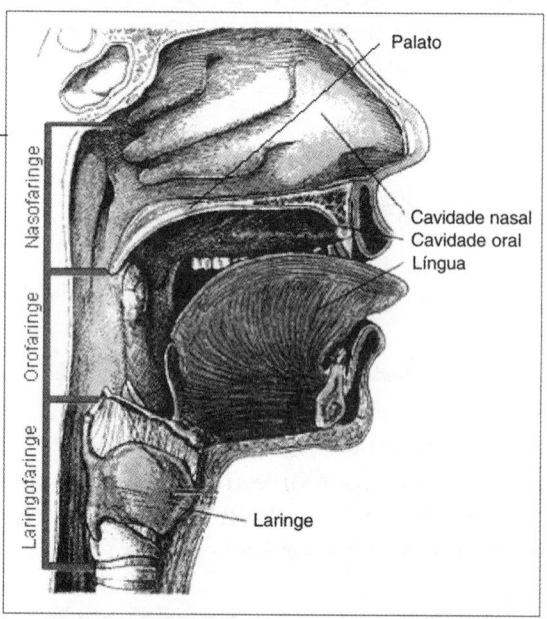

Os articuladores *ativos* do som, ou seja, aqueles que realizam movimentos são: língua, mandíbula, lábios, palato mole e pregas vocais. Os articuladores *passivos* são: dentes, palato duro e parede posterior da faringe. As vogais e consoantes são produzidas a partir dos movimentos realizados por essas estruturas. Muitos dos movimentos realizados na articulação das vogais e consoantes são mais fáceis de serem percebidos e outros nem tanto. Se olharmos no espelho enquanto falamos, poderemos ver as estruturas se movimentando e o som sendo modificado. Como exemplo experimente articular cada uma das vogais em frente ao espelho. Você irá perceber que precisou fazer movimentos diferentes com seus articuladores ao emitir cada uma delas.

Veja as modificações que ocorrem quando você emite algumas consoantes B, V, D, Z, L, G, N, R.

Como deve ter percebido, as vogais são formadas sem que os articuladores causem obstáculo à onda sonora. Já as consoantes se formam a partir da obstrução da onda sonora, que ocorre pela modificação dos articuladores. É muito importante que o cantor articule as vogais de maneira a não obstruir o som para que este soe livremente. Quando emitimos as vogais, nossas pregas vocais estão unidas e vibrando, o que nem sempre acontece com algumas consoantes, como é o caso das que são produzidas sem sonorização: S, CH, X e F.

Vamos conhecer o funcionamento das partes do trato vocal que são mais difíceis de serem percebidas e que interferem na ressonância do som, tais como laringe, faringe, palato mole e cavidades nasais.

Laringe

Lembre-se de que conforme visto no capítulo anterior, a laringe pode ser abaixada ou elevada enquanto falamos, cantamos, respiramos e deglutimos. Esses movimentos realizados por ação dos músculos elevadores e abaixadores possibilitam o aumento ou diminuição do tamanho de nosso trato vocal. Assim, se a laringe estiver em posição mais abaixada, nosso trato vocal estará mais alongado, permitindo a amplificação dos harmônicos graves do som que está sendo produzido. Se a laringe estiver elevada, nosso trato vocal estará diminuído, facilitando a amplificação dos harmônicos agudos. Isso irá interferir na qualidade do som que você produz, pois modifica as características sonoras desse som.

Nossa laringe pode ser abaixada quando realizamos movimentos de abertura da boca, inspiração pelo nariz ou pela boca, ou no ato do bocejo. Portanto, se você deseja que um determinado som seja produzido com características mais agravadas ou *aveludadas*, cante algo aumentando o espaço de seu trato vocal, o que pode acontecer por abaixamento da laringe ou por meio de outros recursos. Seria interessante experimentar cada uma das maneiras que sugerimos a seguir. Por exemplo, cantar exagerando a abertura de sua boca, ou mantendo seus lábios arredondados em formato de bico, ou como se fosse o *Papai Noel* cantando, ou mesmo no ato do bocejo. Experimente as várias sonoridades e escolha a que lhe parecer melhor.

Ouça nos áudios - Frase cantada com laringe baixa e alta. Faixa 11

Faringe

A faringe corresponde a toda parte posterior da nossa cavidade oral. Se abrirmos nossa boca de maneira exagerada em frente a um espelho, poderemos perceber que no fundo de nossa garganta parece haver uma parede. Na verdade, o que estamos vendo é parte de nossa faringe.

Didaticamente, a faringe se divide em três partes: nasofaringe (corresponde ao espaço logo ao fundo da cavidade nasal), orofaringe (no fundo de nossa garganta) e laringofaringe (espaço que vai desde a base da língua até o início da laringe).

Os músculos que formam a faringe (constritores superiores, médios e inferiores) permitem que cada uma de suas partes seja modificada, aumentando ou diminuindo os espaços internos, interferindo diretamente na ressonância do som. Dependendo da tensão e tônus das paredes da faringe, teremos modificações na qualidade do som. Assim, se tensionarmos a musculatura que faz parte da faringe como, por exemplo, os pilares faríngeos, ouviremos um som com características mais metalizadas, pois estaremos deixando as paredes da faringe mais enrijecidas. Lembre-se dos instrumentos que possuem sons metálicos, perceba como são feitos de material mais duro.

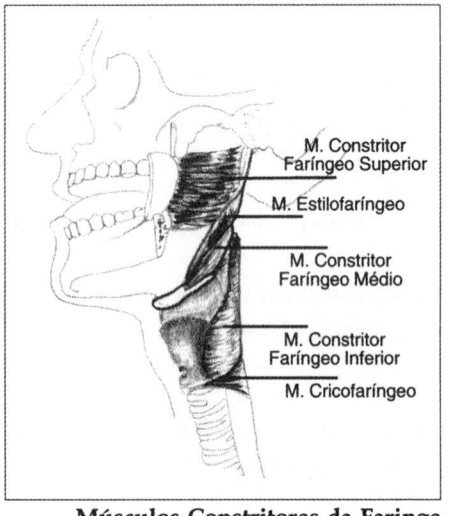

Músculos Constritores da Faringe

Por outro lado se relaxarmos essa estrutura e elevarmos o palato mole, perceberemos que o som se modifica e assume características mais agravadas, pois estaremos aumentando os espaços de ressonância.

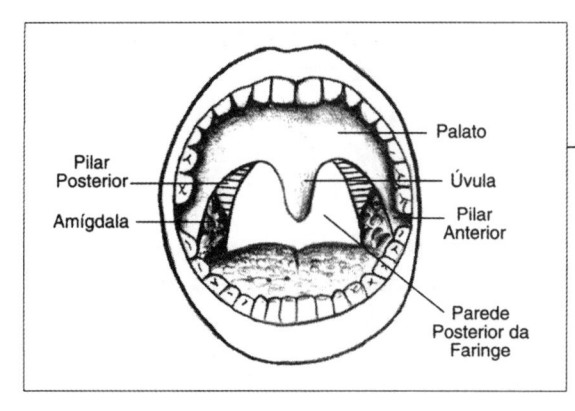

Cavidade Oral

OUÇA NOS ÁUDIOS - EXEMPLOS DE SONS PRODUZIDOS COM CONSTRIÇÃO E EXPANSÃO DA FARINGE. FAIXA 12

Vamos fazer alguns exercícios para que você sinta cada uma dessas partes. A movimentação é muito sutil, mas se tiver atenção para os espaços faríngeos irá perceber uma leve movimentação nesses locais. Sugerimos que faça os exercícios com os olhos fechados, e assim sua atenção estará completamente voltada para as sensações de seu corpo.

Nasofaringe - Inspire lentamente como se estivesse inalando um perfume muito suave e agradável, com sensação de prazer. Você irá perceber um pequeno movimento no fundo da sua narina; esse é o lugar da nasofaringe.

Orofaringe - Para sentir sua movimentação, provoque um bocejo e perceberá uma expansão no fundo da garganta, além de uma elevação do palato mole.

Laringofaringe - Você poderá senti-la ao deglutir um alimento que tenha maior massa como, por exemplo, um pedaço de pão francês.

CAVIDADES NASAIS

As cavidades nasais encontram-se localizadas nas partes lateral e superior de nosso nariz. Quando a onda sonora é direcionada para esses espaços pode ocorrer o abafamento de algumas freqüências. Sons nasais são escolhidos para vocalizes na tentativa de ajudar o cantor a perceber a ressonância na parte superior da face. Pesquisas realizadas recentemente, demonstraram que o som nasal /M/ provoca diminuição da pressão entre as pregas vocais, o que permite melhor vibração da mucosa. Por esse motivo, esse tipo de som pode ajudar nos vocalizes usados para aquecimento e desaquecimento vocal.

Palato Mole ou Véu Palatino

O palato mole também faz parte das estruturas que formam a faringe, sendo importante para a ressonância do som. É formado por músculos que têm a capacidade de abaixá-lo, levantá-lo e tensioná-lo. Os movimentos de elevação e tensão do véu palatino são necessários tanto para a voz falada e como para a cantada. Quando elevamos o palato mole por ação dos músculos elevadores, ampliamos o espaço da orofaringe e fechamos o espaço da nasofaringe. A úvula também faz parte do palato mole, colaborando para o fechamento da nasofaringe quando emitimos sons orais. O aumento da cavidade orofaríngea decorrente da elevação do palato mole possibilita a amplificação das ondas sonoras de freqüência grave e dá a impressão de que a voz ficou mais grave, escura ou mais arredondada, como dizem os professores de canto. Quando produzimos os sons nasais, o palato mole se abaixa e permite que o som passe pelas cavidades nasais. Isso acontece porque entram em ação os músculos responsáveis pelo abaixamento do palato mole. O funcionamento inadequado dos músculos elevadores do véu palatino pode causar um excesso de nasalidade na voz, pois o som passa para as cavidades nasais mesmo nos momentos em que deveriam ser produzidos somente nas cavidades orais. Os movimentos de elevação do palato mole podem ser observados no início do bocejo, ou quando tentamos abaixar nossa laringe, como na produção da voz caricata do *Papai Noel*.

Efeitos de Ressonância

As estruturas do trato vocal relacionam-se entre si. Quando cantamos, a modificação dessas partes não se dá isoladamente, mas sim, em conjunto. O efeito de ressonância surge porque as ondas sonoras se encaixam nos espaços existentes no trato vocal e quando esse encaixe é perfeito as ondas ressoam fazendo vibrar determinadas estruturas.

Vamos então conhecer a utilização dos articuladores e ressonadores.

A qualidade vocal ou timbre é determinada por aspectos como a freqüência fundamental, os harmônicos e amplitude dos mesmos. Portanto, está relacionada à vibração das pregas vocais, ao tamanho e formato do trato vocal e à tensão e tônus das paredes faríngeas, o que traz características pessoais para a voz de cada indivíduo.

Se o som pode ser alterado para produzir fala, os cantores podem melhorar o uso das estruturas ressoadoras para produzir modificações no sinal sonoro. Vimos anteriormente que muitos dos instrumentos musicais dependem do material do qual são feitos para que o som produzido por eles possa ter um timbre característico. O mesmo ocorre com o som da nossa voz. Ou seja, dependendo das características anatômicas de cada um a voz será diferente, pois o efeito de ressonância das ondas sonoras será específico para cada indivíduo. Se tomarmos como exemplo um violino e um violoncelo, perceberemos que o primeiro possui caixa pequena compatível com ondas sonoras que representam os sons agudos; já o segundo possui caixa grande que faz ressoar melhor as ondas sonoras graves. Para percebermos as mudanças que podem ocorrer em nossa voz, basta cantarmos um trecho de uma música exagerando o movimento de abertura de nossa boca e projetando os lábios para frente. Em seguida, cantamos o mesmo trecho como se estivéssemos sorrindo, ou seja, com o espaço da boca diminuído. Na primeira tentativa, a voz parece um pouco mais grave, porque aumentamos o tamanho da caixa de ressonância. Na segunda, a voz adquiriu características mais agudas porque diminuimos o tamanho do trato vocal, o que possibilitou a amplificação de ondas sonoras agudas.

É comum ouvirmos que uma determinada voz possui "*coloridos*" que acentuam sua beleza. Na verdade, esse "*colorido*" decorre das modificações na estrutura das cavidades do trato vocal e das mudanças de tensão das estruturas moles.

OUÇA NOS ÁUDIOS - EXEMPLO DE UM TRECHO CANTADO
COM DIFERENTES AJUSTES DO TRATO VOCAL. FAIXA 13

Assim percebemos que o timbre é único, ou seja, cada um possui sua própria identidade timbrística, determinada principalmente pela anatomia de cada um, que inclui aspectos como: tamanho das pregas vocais, estrutura anatômica dos órgãos fonadores, número e ressonância dos harmônicos que acompanham os sons e capacidade de ressonância das cavidades do trato vocal.

Como exemplo dessas diferenças de timbre é interessante considerar as pesquisas que demonstram que indivíduos da raça negra possuem diferenças anatômicas, que talvez possam explicar as características tão especiais e belas que muitas vezes observamos em suas vozes. Algumas das diferenças observadas na forma de seu trato vocal, tais como cavidades oral e nasal maiores do que as observadas na raça branca, interferem na qualidade sonora. A diferença nos tamanhos das cavidades poderia ser uma das responsáveis pelo timbre mais agravado, que muitas vezes podemos observar na raça negra, o que também justificaria o volume (*loudness*) aumentado dessas vozes. Outros pesquisadores encontraram evidências de maior comprimento e espessura das pregas vocais e este também justificaria o motivo de se ter a sensação de uma voz mais agravada (*pitch grave*).

Diversos efeitos de ressonância podem ser obtidos dependendo do posicionamento dos articuladores. Na literatura encontramos a seguinte denomição dos focos de ressonância: foco nasal, foco faríngeo, foco cul de sac e o foco laringofaríngeo. Cada um se refere à região do trato vocal onde predomina a amplificação da voz. Não é raro encontrar a presença de dois focos simultaneamente, principalmente no canto e em situações de dublagem ou imitação de vozes.

Você deve ter percebido que movimentando as estruturas do trato vocal obtém diferentes coloridos no seu timbre. Estes recursos podem ser usados para efeitos de interpretação das músicas que estiver cantando, ou quando necessitar de uma voz caricata ou diferente, para uma gravação de jingle ou dublagem.

OUÇA NOS ÁUDIOS - VOZ CARICATA. FAIXA 14

Muitas vezes percebemos que um cantor usa sempre o mesmo tipo de ressonância para todas as músicas e não explora a totalidade dos focos de ressonância. Por exemplo, ao cantar com seu trato vocal diminuído, lábio em sorriso, pouca abertura de mandíbula, constrição dos pilares da faringe, a voz ficará com características metalizadas ou talvez infantilizadas. Por outro lado se cantar com sua laringe muito baixa e palato mole muito alto a voz irá parecer escura, abafada. É importante que você desenvolva seu potencial vocal para o canto sem ficar preso a apenas um foco de ressonância. Explore num primeiro momento a ressonância da voz cantada, sem constrições nem excessos de um ou outro foco ressonantal. Num outro momento, brinque com os focos de ressonância e use como recurso interpretativo. Quando cantamos, assim como os atores, somos intérpretes da letra e da melodia. Por isso, é importante que use criatividade e emoção, para dar à música uma interpretação que carrega seu modo de sentir.

Caso você queira elevar seu palato mole, pense em cantar um trecho de uma música como se estivesse bocejando. Brinque com esta sonoridade até encontrar um resultado sonoro que lhe agrade. Num outro momento, pode tentar usar uma ressonância mais nasal. Se sua intenção é uma voz mais metálica, use o recurso de criar uma ligeira tensão nas paredes da faringe, aproximando os pilares mostrados na foto anterior. Observe o som que vem como resultado disso. Talvez você possa usar esse recurso em algum momento de sua interpretação.

Movimentos amplos ou diminuídos de sua boca também interferem no sinal sonoro e podem trazer à sua interpretação maior ou menor efeito auditivo. Portanto, o mais importante é que você lembre que as possibilidades são infinitas. O equilíbrio no uso dos recursos de ressonância, e recursos prosódicos tais como pausas, prolongamentos de vogais ou consoantes ou ênfases em palavras que considerar importantes, podem dar à sua interpretação maior sentimento e provocar no ouvinte sensações bastante interessantes.

Existem muitos cantores e cantoras que lançam mão desses recursos com a finalidade de explorar o potencial de suas vozes. Sugerimos alguns cantores e grupos vocais para que você possa observar o que eles fazem com suas vozes: Elis Regina, Maria Bethânia, Ella Fitzgerald, Sarah Vaughan, Anita Baker, Patti Catchcart, Freddie Mercury, Al Jarreau, Bobby Mc Ferrin, Aretha Franklin, Take 6, The Manhattan Transfer entre outros.

Observe cantores de sua preferência e tente perceber o que você gosta na interpretação de cada um deles. Isso será um treino importante para buscar nos seus próprios recursos vocais, ferramentas que ajudem a embelezar cada vez mais sua própria interpretação. Lembre-se de que você deve ser bom observador e ouvinte.

Agora que conhece o funcionamento das estruturas que fazem parte da articulação e da ressonância no canto e na fala, iremos descrever como deve ser o posicionamento dessas estruturas na articulação das vogais. Primeiramente vamos mostrar o que acontece na fala e, em seguida, os ajustes facilitadores para o canto.

POSICIONAMENTO DOS ARTICULADORES NA PRODUÇÃO DAS VOGAIS

A - vogal articulada com língua abaixada em repouso no assoalho da boca, ponta encostando atrás dos dentes incisivos inferiores (dentes da frente inferiores). Lábios e mandíbula abertos verticalmente. Palato mole ligeiramente elevado, para que o ar não passe para o nariz, o que tornaria a vogal nasalada.

AN - o dorso da língua eleva ligeiramente e o palato mole abaixa, para que as ondas sonoras possam passar para as cavidades nasais.

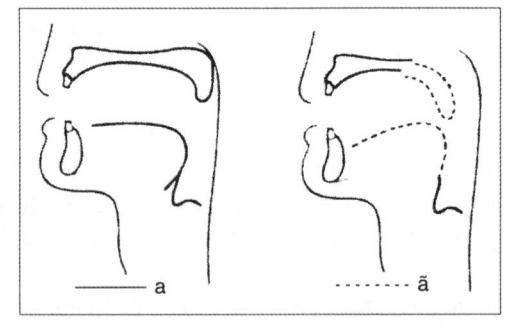

Ê - vogal articulada com porção medial da língua ligeiramente elevada em direção ao palato duro e ponta da língua em direção aos incisivos inferiores. Mandíbula ligeiramente fechada e lábios relaxados. Palato mole elevado.

EN - a lingua está um pouco mais baixa, com a ponta apoiada nos incisivos inferiores, e o palato mole está abaixado.

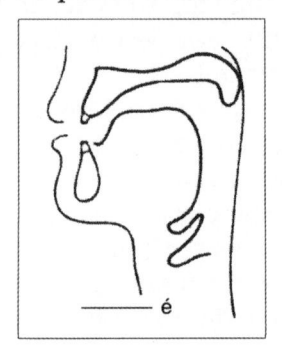

É - vogal articulada com a porção medial da língua ligeiramente elevada como em /Ê/, estando a mandíbula mais abaixada. Lábios relaxados. Palato mole elevado.

I - vogal articulada com porção medial da língua elevada em direção ao palato duro com suas bordas em contato com os dentes molares superiores, ponta da língua encostada nos dentes incisivos inferiores. Lábios estirados horizontalmente, como se estivessem sorrindo. Mandíbula ligeiramente fechada. Palato mole elevado.

IN- articulada como a anterior, porém com palato mole abaixado.

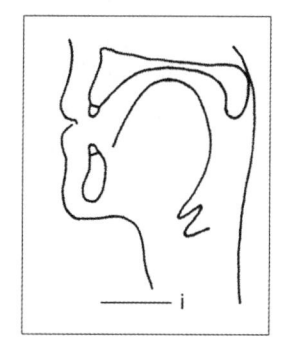

Ó - vogal articulada com o corpo da língua elevado em direção ao palato mole e a ponta da língua mais recuada. Lábios ovalados e mandíbula aberta. Palato mole elevado

Ô - vogal articulada com o corpo da língua elevado em direção ao palato mole como em /Ó/. Lábios ovalados, porém mais fechados do que no /Ó/ e mandíbula ligeiramente aberta. Palato mole elevado.

ON - posição de língua, lábios e mandíbula igual à de /Ô/ e palato mole abaixado.

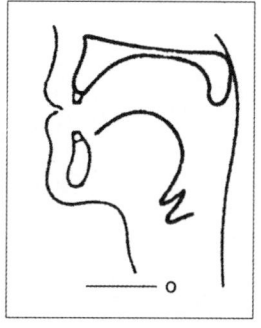

U - vogal articulada com o corpo da língua em posição mais elevada do que em /Ó/ e /Ô/ dirigindo-se para o palato mole. Palato mole mais elevado do que nas demais vogais. Projeção dos lábios para frente em formato ovalado e mandíbula aberta verticalmente.

UN - posição de língua, lábios e mandíbula igual à de /U/ e palato mole abaixado.

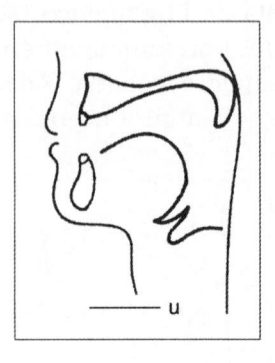

Posicionamento dos articuladores das vogais no canto popular

A, É, Ó - são vogais cuja característica sonora nos parece, auditivamente, mais aberta. Estas vogais, quando cantadas nas notas graves da tessitura, podem ser ajustadas da mesma forma que na voz falada.

No Grave:
> Mandíbula, Faringe e Laringe na mesma posição da voz falada.
> Palato mole - elevado
> Língua - como na voz falada, cuidando para não tensionar a língua, o que poderia trazê-la para o fundo da garganta, abafando o som da voz.

No Agudo:
> Mandíbula – quando cantamos na região aguda, a sonoridade de nossa voz se beneficia com a descida da mandíbula (famosa boca de bobo), pois este movimento favorece a descida da laringe, proporcionando características mais aveludadas para os sons agudos.
> Palato Mole - elevando-se à medida que atinge as notas mais agudas.
> Língua - manter a língua relaxada sem tensão. Procure manter a ponta da sua língua sempre em direção aos dentes incisivos inferiores.

Ê, I - vogais mais horizontalizadas

No Grave:
> Faringe e laringe - posição normal
> Mandíbula - dar um leve sorriso (horizontal), o que diminui o trato vocal.
> Palato Mole - elevado

No agudo:
> Mandíbula - vai descendo à medida que você sobe na escala musical.
> Faringe - vai expandindo. Pense sempre num movimento de abertura das paredes da faringe sem tensão.

Palato Mole - vai se levantando à medida que você sobe na escala musical.
Língua - relaxada e apoiada na parte posterior dos dentes incisivos inferiores.

ô, u - característica sonora mais grave, escura.

No Grave:
Mandíbula, faringe e laringe - na mesma posição da voz falada.
Palato Mole - elevado.
Lábios - levemente projetados para frente

No Agudo:
Mandíbula - vai descendo a medida que você sobe na escala musical.
Faringe - vai expandindo. Pense sempre num movimento de abertura das paredes da faringe sem tensão.
Palato Mole - vai se levantando a medida que você sobe na escala musical.
Lábios - projetados para frente
Língua - sem tensão. Observe para que a parte posterior da sua língua não vá se colocando para o fundo da garganta e o som fique entubado.

Capítulo IV

Capítulo V

Registros Vocais

Você deve ter percebido que quando canta notas mais graves sua voz soa de um jeito e ao cantar notas agudas ela parece ser diferente. Isso se deve aos diferentes registros vocais. O termo registro vocal tem sido definido como uma série de tons que fazem parte de um conjunto de notas de diferentes freqüências, mas que do ponto de vista de sua percepção auditiva possuem características parecidas. A voz cantada é dividida em vários registros: basal, modal (subdividido em peito, médio e cabeça), falsete e flauta.

Para exemplificar como isso acontece, cante as primeiras 5 notas da escala abaixo. Você irá perceber que apesar de serem freqüências diferentes, elas fazem parte de um mesmo conjunto de notas que ao serem cantadas provocam em nós uma sensação de ressonância na região abaixo das pregas vocais. Por esse motivo, este grupo de notas ficou pertencente ao que chamamos de registro de peito.

Escala para vozes femininas

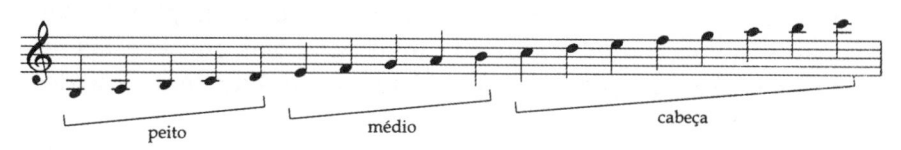

Agora cante as outras notas da escala. Perceba que ao cantar este conjunto de notas a vibração foi sentida na região da face e da cabeça, o que deu a este grupo de notas o nome de registro de cabeça.

Agora cante todas as notas da escala, colocando, no início, sua mão no peito e, em seguida, continue cantando as outras notas. Você perceberá que a sensação de vibração irá se deslocar do peito

Escala para vozes masculinas

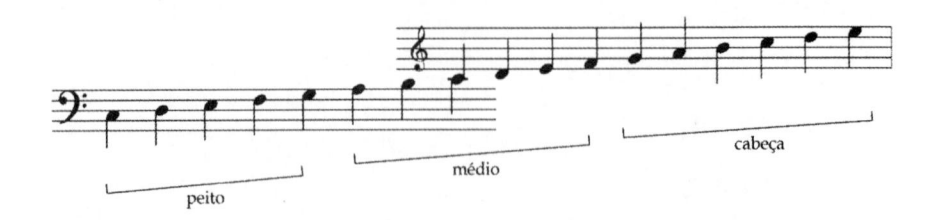

(peito — médio — cabeça)

para a região da face e na região em que as notas ficaram mais agudas a sensação de vibração também mudou de lugar.

Talvez você esteja pensando que registro é a mesma coisa que ressonância. Essa confusão não é só sua. As sensações de vibração sentidas ao cantar acabaram por confundir os cantores, que passaram a achar que os registros vocais eram apenas efeito de ressonância. As pesquisas recentes observaram que registro vocal não está relacionado à ressonância e sim à atividade dos músculos envolvidos no ato de cantar. A ressonância do som ocorre nos espaços onde as ondas sonoras são amplificadas, como por exemplo: cavidade oral, cavidade nasal, cavidade faríngea.

Quando emito uma nota grave, tenho uma ação predominante do músculo vocal ou Tireoaritenóideo (TA), o que dá às pregas vocais uma configuração mais abaulada e encurtada. Além disso, as notas graves são de freqüência menor (Hz), o que faz com que as pregas vocais vibrem mais lentamente. Como você deve lembrar, as ondas sonoras que correspondem às freqüências graves são de tamanho maior e necessitam de uma caixa de ressonância grande para ressoar. É por esse motivo que ao cantarmos notas graves estas ressoam em nossa caixa torácica, o que determinou a denominação desse grupo de notas como registro de peito.

À medida que subimos cantando a escala musical, o músculo responsável pela tensão das pregas vocais, denominado Cricotireóideo (CT), passa a ter participação mais efetiva e diminui a atividade do músculo vocal (TA). As pregas vocais assumem uma característica mais alongada e sua borda fica com um aspecto mais retilíneo. Essa configuração ocorre quando cantamos notas agudas cuja freqüência (Hz) é maior, o que faz com que nossas pregas vocais vibrem mais rapidamente. Como descrito no capítulo anterior, as ondas sonoras agudas necessitam de espaços menores para ressoar. Sendo assim, as freqüências agudas irão ressoar na região da face e da cabeça. Isso deu origem à denominação registro de cabeça para o grupo de notas agudas.

No registro de falsete, ocorre uma diminuição mais intensa da atuação do músculo vocal (TA) e demais músculos adutores (CAL e AA). O músculo tensor (CT) entra em maior atividade, dando à prega vocal um formato muito alongado, com sua borda bem esticada. A diminuição da atividade do músculo vocal (TA) resulta numa menor adução das pregas vocais e dá origem ao aparecimento de uma fenda paralela entre elas. Em relação aos homens é unânime a presença do registro de falsete. O mesmo não acontece com as mulheres, pois há controvérsia entre diferentes autores sobre a existência do registro de falsete no sexo feminino.

Lembre-se de que o registro modal subdivide-se em peito, médio e cabeça. Em cada um deles diferentes músculos estarão em maior ou menor atividade. Por essa razão, principalmente quando se inicia o estudo do canto as passagens de um registro para outro podem parecer bruscas, sendo popularmente denominadas quebras de passagem. As regiões de passagem, ou seja, da mudança de um registro para outro, ocorrem devido à troca de predomínio muscular. Em outras palavras, se usarmos como exemplo a troca de marcha de um carro sabemos que é importante suavizar a pressão no acelerador, pisar na embreagem e então trocar a marcha. O mesmo acontece quando cantamos. Se quisermos manter um volume excessivo nas regiões de passagem é como se quiséssemos trocar a marcha do carro mantendo o pé no acelerador.

O objetivo da prática do estudo do canto é, entre outras coisas, proporcionar uma desenvoltura na emissão das notas da tessitura de forma homogênea. Ao realizar os vocalizes é importante que o aluno ou aluna emita um som equilibrado dos graves até os agudos. Sugerimos que no início os vocalizes sejam realizados com volume moderado e emissão suave. Quando emitimos uma nota com muito volume, solicitamos uma ação muito intensa do músculo vocal (TA) e isso dificulta a passagem para as notas agudas, na medida em que estas solicitam maior ação do músculo tensor (CT) das pregas vocais.

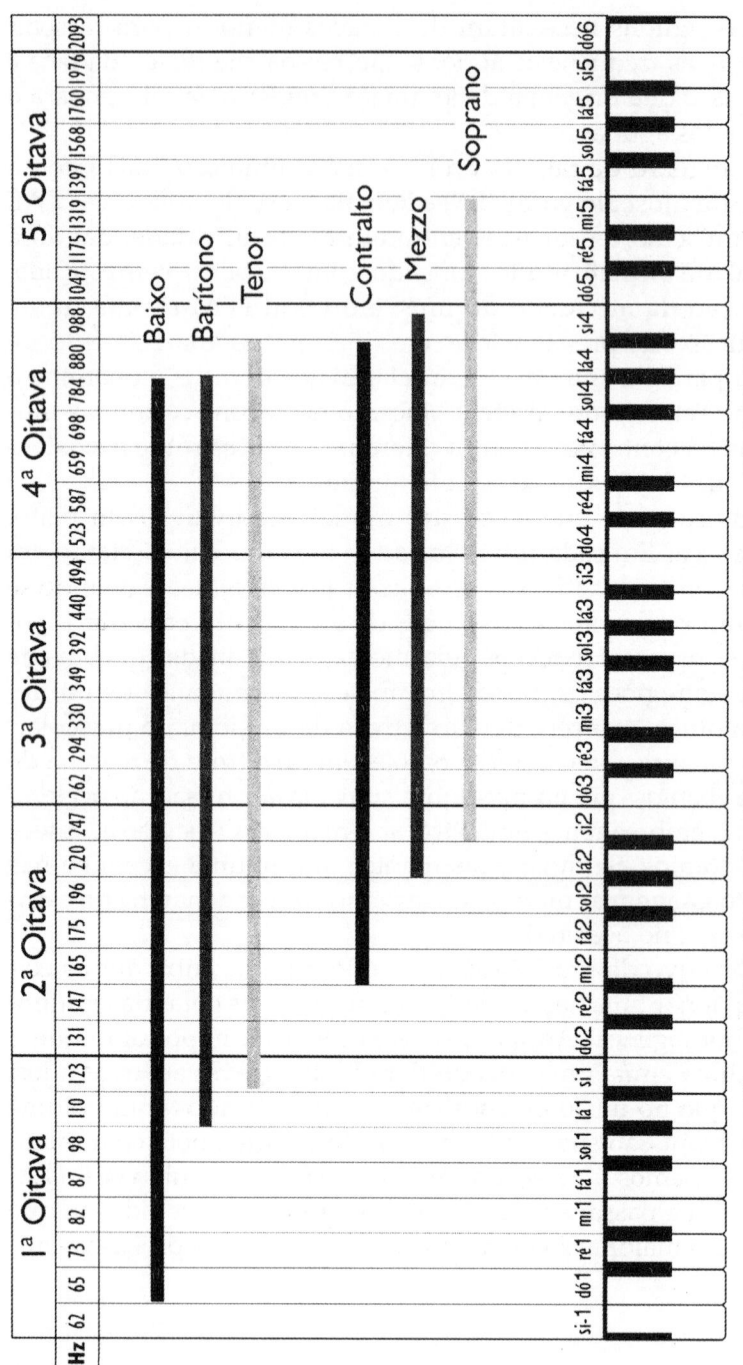

Extensão Vocal - Vozes Masculinas e Femininas
(adaptado de Perelló, 1975)

Extensão vocal - número de tons, do mais grave ao mais agudo, que um indivíduo consegue produzir, não importando a qualidade (Pinho, 2003)

Capítulo V

Capítulo V

Vibrato

O vibrato é descrito como pequenas variações de freqüência e intensidade que ocorrem de forma rápida e regular durante o canto. Para alguns autores, o vibrato resulta da contração alternada entre as musculaturas diafragmática e laríngea. Após esses estudos, o vibrato foi classificado em dois tipos: vibrato de amplitude e vibrato de freqüência.

Vibrato de Amplitude

O vibrato de amplitude é uma variação de 1 a 6 *decibéis* na intensidade do som. Isso ocorre devido à pressão subglótica (coluna de ar abaixo das pregas vocais) determinada por contrações dos músculos abdominais, que ajudam a produzir as pulsações rítmicas na pressão aérea. Estas pulsações atuam sobre a musculatura intrínseca da laringe, responsável pela produção vocal. Portanto, o controle do vibrato de amplitude é de alguma maneira voluntário, pois podemos controlar a movimentação da musculatura abdominal. Esse tipo de vibrato é mais utilizado no canto popular.

Vibrato de Freqüência - Mediado pela Laringe

O vibrato de freqüência se dá por contrações do músculo Cricotireóideo (CT). No entanto, se existir tensão excessiva da musculatura intrínseca a fonação se tornará tensa, o que pode provocar uma interrupção na emissão do vibrato. Este tipo de vibrato é bastante observado no canto lírico. Cantores de jazz e música popular fazem uso de vibrato com baixa alteração na freqüência, variando de 3 a 4 hertz.

Em pesquisa realizada com cantores sertanejos, observou-se oscilaçao na faringe e na ligação entre as cartilagens aritenóides e epiglote. Os valores de taxa variaram entre 5,2 e 7,8 hertz, demostrando similaridade com o que ocorre no canto lírico, enquanto a extensão do vibrato teve variação entre 0,03 e 1,57 semitom. Esses resultados estão próximos dos observados em pesquisas realizadas anteriormente por Hirano.

A ocorrência do vibrato parece acontecer quando o cantor consegue realizar a vocalização de modo relaxado sem que haja tensão excessiva da musculatura laríngea. Isso pode levar algum tempo, pois o amadurecimento no uso dessa musculatura requer prática e dedicação. Vibrato excessivo na voz, também denominado *tremollo*, traz uma certa sensação de enfraquecimento vocal.

Como você deve ter observado, o vibrato surge qundo o canto ocorre em equilíbrio entre a musculatura laríngea e a coluna de ar, evidenciando que qualquer tensão na produção do som irá prejudicar a qualidade do vibrato. Portanto, o vibrato suave é o mais indicado.

Capítulo VI

Exercícios, Vocalizes e Canções

A partir de agora, você irá praticar o que foi descrito nos capítulos anteriores. Para isso, elaboramos exercícios, vocalizes e *playbacks*.

Os exercícios podem ser realizados diariamente. Sugerimos que os vocalizes sejam praticados de preferência na frente do espelho, num lugar tranqüilo, para que você possa observar sua postura, possíveis tensões, a sutileza do timbre, afinação e ritmo. Sem falar que praticar esses exercícios em locais barulhentos, como por exemplo dentro do carro, fará com que você use volume de voz excessivo sem perceber, causando um possível desgaste vocal. Se você nunca praticou esse tipo de exercício, sugerimos que não ultrapasse 20 minutos. Lembre-se de que você não deverá sentir cansaço durante ou após terminar de praticá-los.

Recordar que a voz é produzida por ação muscular é fundamental, e isso enfatiza a importância de o cantor fazer exercícios de aquecimento e desaquecimento vocal. Sugerimos que para o aquecimento vocal você recorra a exercícios que colaborem para o alongamento e fortalecimento da musculatura. Prepare seu corpo com exercícios de alongamento e, em seguida, faça os exercícios de respiração contidos no capítulo I. Depois inicie os vocalizes de aquecimento com vibração de lábio e língua. Após faça os vocalizes deste capítulo, começando em fraca intensidade e aumentando à medida que se sentir mais seguro para isso. Para desaquecer a voz, sugerimos vocalizações em escala descendente, retornando para seu tom habitual de voz. Os exercícios de vibração são desaconselhados para o desaquecimento vocal, pois poderiam causar lesões caso as pregas vocais estejam edemaciadas após uso intenso da voz.

Os vocalizes foram elaborados com a finalidade de se trabalhar a realidade musical do canto popular, tanto na rítmica quanto na melodia. Para esse fim, utilizamos escalas maiores e menores, de blues, inversões de tétrades e diferentes intervalos. Além disso, procuramos trazer uma realidade mais próxima do canto, inserindo juntamente com a linha melódica a harmonia, os baixos e a bateria. As vogais utilizadas nos vocalizes foram escolhidas para facilitar e aprimorar os ajustes articulatórios. Após os vocalizes, o livro traz 3 *playbacks*, para que você possa praticar tudo o que foi proposto nesse livro.

    Gostaríamos de ressaltar que o acompanhamento de um professor de canto é sempre de grande valia, pois ele poderá ampliar seu desempenho, ajudar na compreensão dos tópicos do livro e, ao mesmo tempo, orientar na escolha do repertório. Lembre-se que no caso de fadiga vocal, rouquidão ou outras alterações na voz, é importante a visita a um fonoaudiólogo especialista em voz bem como ao médico otorrinolaringologista, na medida em que são eles os profissionais habilitados para cuidar de sua saúde vocal.

Vocalizes com 1 apoio

VOCALIZE 6 - FAIXA 15

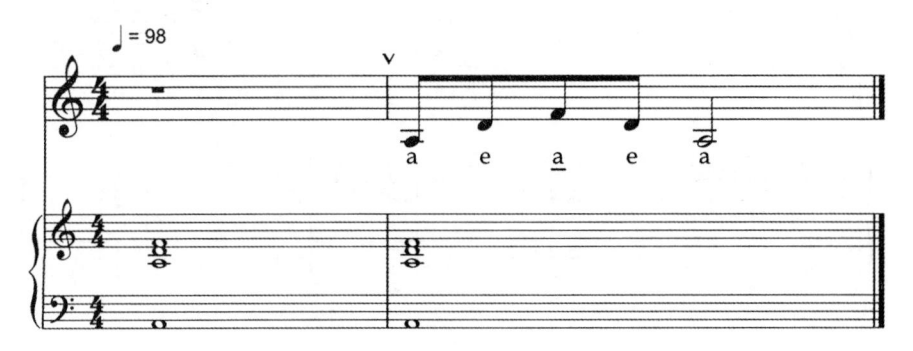

VOCALIZE 7 - FAIXA 16

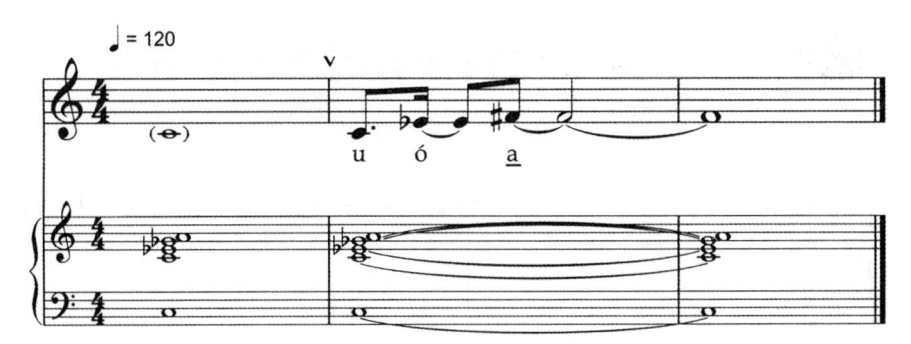

VOCALIZE 8 - FAIXA 17

VOCALIZE 9 - FAIXA 18

VOCALIZE 10 - FAIXA 19

Vocalizes com 2 apoios

Vocalize 11 - Faixa 20

♩ = 152

a a a i i i

Vocalize 12 - Faixa 21

♩ = 100

pa pa pa pa   pa pa pa pa

pa pa pa pa   pa pa pa pa   pa ia pa pa

EXERCÍCIOS, VOCALIZES E CANÇÕES

VOCALIZE 13 - FAIXA 22

VOCALIZE **14** - Faixa 23

EXERCÍCIOS, VOCALIZES E CANÇÕES

Vocalize 15 (mix) 2 apoios e 1 apoio - Faixa 24

Vocalizes com 3 apoios

Vocalize 16 - Faixa 25

♩ = 100

bi ba da ui ba da ui ba da ui ba da ui

Vocalize 17 - Faixa 26

♩ = 113

i a e a a ô

Vocalize 18 - Faixa 27

♩ = 93

a a a a a a a a a a a a a a

VOCALIZE 19 - Faixa 28

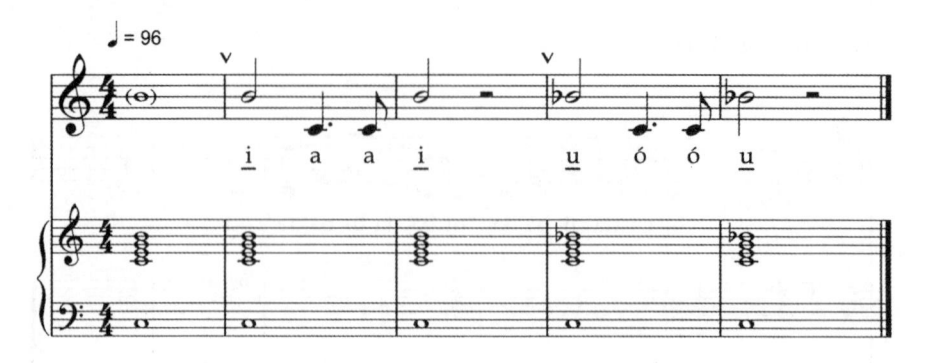

VOCALIZE 20 - Faixa 29

Vocalize 21 (mix) 3 e 1 apoios - Faixa 30

du ia da dun de ia da de ô   ê ô ê

du ia da dun de ia da de ô   ê ô ê

VOCALIZE 22 (mix) 2, 1 e 3 apoios - Faixa 31

Vocalize 23 (mix) 1, 1 e 3 apoios - Faixa 32

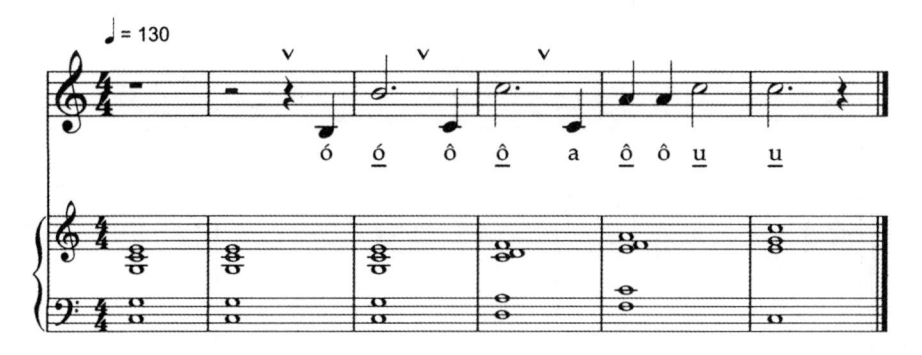

Vocalize 24 (mix) 2, 1 e 3 apoios - Faixa 33

EXERCÍCIOS, VOCALIZES E CANÇÕES

Vocalize 25 (mix) 2, 2 e 3 apoios - Faixa 34

Exercício 5

Este exercício fará a ponte entre a utilização do apoio no vocalize e numa canção.

Você executará as canções abaixo assoviando e o apoio deverá ser realizado na sílaba sublinhada. Os momentos de inspiração foram marcados com este sinal "*".

Como visto no capítulo I, sugerimos que você relaxe a musculatura abdominal para que o ar entre com facilidade e sem ruído, no momento da inspiração. *(Este exercício não está no CD)*

OUÇA NOS ÁUDIOS - FAIXA 35 E 36

Peixe Vivo

(Domínio Público)

* *marcação para respiração*

* Como po̱de o peixe vi̱vo
* Viver fora da água fri̱a?
* Como po̱de o peixe vi̱vo
* Viver fora da água fri̱a?
* Como po̱derei vive̱r
* Como po̱derei vive̱r
* Sem a tu̱a, sem a tu̱a, sem a tu̱a companhi̱a?

* Os pasto̱res desta alde̱ia
* Já me fazem zombari̱a
* Os pasto̱res desta alde̱ia
* Já me fazem zombari̱a
* Por me ve̱r andar sozi̱nho
* Por me ve̱r andar sozi̱nho
* Sem a tu̱a, sem a tu̱a, sem a tu̱a companhi̱a?

Borboleta

(Domínio Público)

* Borboleta peque<u>n</u>ina que vem <u>p</u>ara nos sal<u>d</u>ar
* Venha ver cantar o <u>h</u>ino que hoje é noite <u>d</u>e natal
* Eu sou uma borbo<u>l</u>eta
* Pequenina e feiti<u>c</u>eira
* Ando no meio das <u>fl</u>ores procu<u>ra</u>ndo quem me <u>qu</u>eira
* Borbo<u>l</u>eta pequenina saia <u>f</u>ora do ro<u>s</u>al
* Venha <u>v</u>er quanta ale<u>gr</u>ia que hoje é <u>n</u>oite de na<u>t</u>al
* Borboleta peque<u>n</u>ina venha para o meu cor<u>dão</u>
* Venha <u>v</u>er cantar o hino que hoje é <u>n</u>oite de na<u>t</u>al
* Eu sou uma borbo<u>l</u>eta
* Pequenina e feiti<u>c</u>eira
* Ando <u>no</u> meio das flores procu<u>ra</u>ndo quem me <u>qu</u>eira
* Borbo<u>l</u>eta pequenina sai fora do ro<u>s</u>al
* Venha <u>v</u>er quanta ale<u>gr</u>ia que hoje é noite de na<u>t</u>al

Exercício 6

Agora você irá treinar o apoio cantando. Tente marcar os apoios que você faz ao cantar as músicas de seu repertório, como será sugerido na canção abaixo. Você poderá antes de cantar passar os apoios assoviando, cantando a melodia ou enquanto faz vibração de língua.

OUÇA NOS ÁUDIOS - FAIXA 37 E 38

Na canção abaixo você utilizará 1 ou 2 apoios.

Gostava tanto de você
(Edson Trindade)

*Nem sei por que você se foi
*Quantas saudades eu senti
*E de tristezas vou viver, e aquele adeus, não pude dar
*Você marcou a minha vida
*Viveu, morreu na minha história
*Chego a ter medo do futuro e da solidão,
*Que em minha porta bate.

*E eu
*Gostava tanto de você
*Gostava tanto de você
*Eu corro fujo desta sombra
*Em sonho vejo este passado
*E na parede do meu quarto
*Ainda está o seu retrato
*Não quero ver pra não lemrar
*Pensei até em me mudar
*Lugar qualquer que não exista o pensamento em
*Vo cê.

EXERCÍCIOS, VOCALIZES E CANÇÕES

*E eu
*Gostava tanto de você
*Gostava tanto de você.

Ouça nos áudios - Faixa 39 e 40

Nesta canção vamos treinar 1, 2 , 3 e 4 apoios

Lobo Bobo
(Carlos Lyra e Ronaldo Bôscoli)

*Era uma vez um lobo mau
*Que resolveu jantar alguém
*Estava sem vintém
*Mas arriscou e logo se estrepou
*Um chapeuzinho de maiô
*Ouviu buzina e não parou
*Mas lobo mau insiste
*E faz cara de triste
*Mas chapeuzinho ouviu os conselhos da vo vó
*Dizer que não pra lobo que com lobo não sai só
*Lo bo can ta
*Pede, promete tudo, até amor
*E diz que fraco de lobo
*É ver um chapeuzinho de maiô
*Mas chapeuzinho percebeu que lobo mau se derreteu
*Pra ver você que lobo também faz papel de lobo
*Só posso lhe dizer chapeuzinho agora traz
*O lobo na coleira que não janta nunca mais.

Ouça nos áudios - Faixa 41 e 42

Nesta canção vamos treinar 1, 2 e 3 apoios

Georgia on my mind
(Carmichael/Gorrell)

*Georgi__a__,
*Georgi__a__.
*The wh__o__le day th__rou__gh
*Just an old sweet song k__ee__ps
*Georgia on my m__i__nd

*Georgi__a__,
*Georgi__a__
*A song of y__ou__
*Comes as sweet and clear __as__ moonlight through the p__i__nes

*Other __a__rms reach __ou__t to m__e__
*Other eyes smile tender__ly__
*Still in peaceful dr__ea__ms I s__ee__.
*The road __l__eads back to y__ou__

*Georgi__a__,
*Georgi__a__
*No p__e__ace I f__i__nd
*Just an __o__ld sweet song k__ee__ps Georgia on my m__i__nd.

*Other __a__rms reach __ou__t to m__e__
*Other eyes smile tender__ly__
* Still in peaceful dr__ea__ms I s__ee__
*The road __l__eads back to y__ou__.

*Georgi__a__,
*Georgi__a__
*No p__e__ace I f__i__nd
*Just an __o__ld sweet song k__ee__ps Georgia on my m__i__nd.

EXERCÍCIOS, VOCALIZES E CANÇÕES

Programa dos áudios

Capítulo I
Faixa 1. Exercício 1
2. Exercício 2
3. Aquecimento
4. Vocalize 1
5. Exercício 3
6. Vocalize 2
7. Vocalize 3
8. Exercício 4
9. Vocalize 4
10. Vocalize 5

Capítulo III
Faixa 11. Frase cantada com laringe baixa e alta
12. Som produzido com constrição e expansão da faringe
13. Trecho cantado com diferentes ajustes do trato vocal
14. Voz caricata

Capítulo VI
Faixa 15. Vocalize 6
16. Vocalize 7
17. Vocalize 8
18. Vocalize 9
19. Vocalize 10
20. Vocalize 11
21. Vocalize 12
22. Vocalize 13
23. Vocalize 14
24. Vocalize 15
25. Vocalize 16
26. Vocalize 17
27. Vocalize 18
28. Vocalize 19
29. Vocalize 20
30. Vocalize 21
31. Vocalize 22
32. Vocalize 23
33. Vocalize 24
34. Vocalize 25
35. e 36. Exercício 5

PLAYBACKS
Faixa 37. *Gostava tanto de você* (tom A - voz masculina)
38. *Gostava tanto de você* (tom D - voz feminina)
39. *Lobo bobo* (tom E - voz masculina)
40. *Lobo bobo* (tom A - voz feminina)
41. *Georgia on my mind* (tom G - voz masculina)
42. *Georgia on my mind* (tom B♭ - voz feminina)

Ficha Técnica dos áudios

Exercícios, nomes das músicas e todos os exemplos do Capítulo III • Voz Cláudia Pacheco
Vocalizes • Voz Tutti Baê
Criação e execução dos vocalizes • Tutti Baê
Mixagem dos vocalizes • Paulo Pagotto e Tutti Baê
Playbacks • Paulo Pagotto
Masterização • Marcelo Naral

Agradecimentos especiais – Comando S (Sérgio Rezende)

Tutti Baê

Nasceu na cidade de São Paulo. Começou a se interessar por música muito cedo influenciada por sua mãe, pianista que ouvia os discos de bossa nova (João Gilberto, Tom Jobim, Roberto Menescal).
No final dos anos 60 a novidade eram os festivais, onde compositores como Caetano Veloso, Gilberto Gil e Chico Buarque e intérpretes como Elis Regina e Jair Rodrigues estavam surgindo. Na mesma época a Jovem Guarda aparecia com força total. Roberto Carlos apresentava na TV o programa "Turma da Jovem Guarda".
Aos 12 anos mudou-se para Santos, cidade do litoral paulista, as rádios tocavam muita música negra norte-americana (Gloria Gaynor, Steve Wonder, Marvin Gaye, Dianna Ross, Dona Summer).
Começou sua carreira como *crooner* de diversos grupos (Grupo SP3, Banda Reveillon, Grêmio Recreativo Amigos do Rock, Samba, Funk e Soul - liderado por Scowa -, Orquestra Arte Viva- liderada por Amilson Godoy, Orquestra Paissandú - liderada por George Freire e Heartbreakers - liderada por Guga Stroeter com a qual esteve em tournê por Portugal).
Em 1990 começa a fazer shows solo. Seu primeiro show se chamava "Querelas do Brasil", tinha a proposta de mostrar as diversidades do Brasil músicas como Borzeguim (Tom Jobim), Nozanina (Villa Lobos), Miséria (Titãs), Que País é Esse (Renato Russo), Gira das Ervas (Luli e Lucina) , compunham o repertório. O show foi dirigido por Miguel de Oliveira e Marilene Silva.
Em 1992 participou do projeto Via Paulista, no Sesc Pompéia produzido por José Carlos Costa Neto e Walter Franco. Neste projeto foi apresentada por Luiz Melodia, com quem dividiu o palco.
1994 participou do show Henda Y Xala no Crownne Plaza. Neste mesmo ano, juntamente com Zeca Baleiro, Rita Ribeiro, entre outros participou do projeto Sangue Novo. Na mesma época participou do show "Homenagem aos grandes compositores" no antigo "Vou Vivendo" com a música "Folhas Mortas" em homenagem a Ary Barroso com arranjo de Zeca Baleiro.
Em 1994 com o show "Sensatez" se apresentou no parque Villa Lobos com Fátima Guedes.
Em 1996 gravou o CD *Sensatez*, pela gravadora Dabliú/Eldorado. O Show de estréia foi na Oficina 3 Rios em SP, foi apresentado no Sesi, diversas unidades do Sesc em São Paulo e interior, Projeto Dia e Noite, Qual é da Música, Praça da Palavra em Salvador/BA, Teatro Caetano de Campos, Teatro Mis, entre outros. A produção foi de Carlinhos Antunes.
Comentário da revista Guitar Player sobre o CD *Sensatez* (1996): "Seu disco de estréia tem fundações muito bem estruturadas num estilo jazzístico mas com o *skat singing* bem abrasileirado" (E. P.).
No repertório estão músicas como Pérola Negra (Luiz Melodia), Jogral (Filó Machado), Chora Brasileira (Fátima Guedes). Participações especiais de Guilherme Arantes, Badi Assad, Nailor Proveta, Walmir Gil, François de Lima. Um CD de música popular brasileira.
Em 1999 o show se chamava "Entre 4 Paredes" no repertório músicas do pop, mpb e soul nacionais. "Vivo

Nesse Mundo" (Cláudio Zoli)," Se Você Pensa " (Roberto Carlos), Vapor Barato (Jards Macalé).
Gravou o clip da música "4 Paredes"(Guga Stroeter), que foi apresentado pela MTV e também com este show, participou do programa Bem Brasil da TV Cultura. Fez uma apresentação em Brixton (Londres, Inglaterra). Este show ficou em cartaz no Blen Blen Brasil.
Em 2002 gravou o CD *Mosaico* pela gravadora Vitale Records/Trama. O show de lançamento foi no Bourbon Street.
Comentário da Guitar Player sobre o CD *Mosaico* (2002): "Onze faixas que transitam com bom gosto pela praia pop soul, mas com um original sabor Brazuca" (L.M.).
O CD *Mosaico* entrou na lista dos melhores de 2003, a votação foi feita pelo FOLHATEEN (Folha de São Paulo). A produção deste CD foi de Tutti e Ronaldo Pellicano.
Em 2004 o nome do show era "Brasil Pop Soul". É um show de releituras da MPB e do soul nacionais. Este show foi apresentado em diversas casas noturnas como Grazie Dio, Bourbon Street e a periferia de São Paulo no projeto dos CEU.

Outros projetos

Desde 1987 Tutti se dedica ao estudo do canto, estudou com diversas professoras como Madalena de Paula, Nancy Miranda, Magali Salles, Thelma Chan e com a fonoaudióloga Silvia Rodrigues Teixeira. Cursou a Universidade Livre de Música. Estudou piano popular como instrumento complementar no CLAM e com os professores Nelson Bergaminn e Cristiane Neves. Atualmente estuda piano popular com o prof. Amador e faz o curso de Licenciatura Plena em Música e Bacharelado em Canto Popular pela Faculdade Carlos Gomes.
Desde 1992 ministra aulas, workshops e oficinas de canto em Sescs, Casas de Cultura, Escolas de Música, Festivais de Música e em seu próprio estúdio em SP.
Em 2006, foi convidada pelo Sistema Brasileiro de Televisão (SBT) para ser a preparadora vocal do programa *Ídolos*.

Autora

Lançou em 2001 seu primeiro livro *Canto Uma Expressão* (Princípios Básicos de Técnica Vocal), juntamente com Mônica Marsola pela editora Irmãos Vitale. Acompanha este livro um CD com 57 vocalizes.
No ano de 2003 lançou o segundo livro *Canto: Uma Consciência Melódica (Treinamento dos intervalos através dos vocalizes)*, também pela editora Irmãos Vitale. Este livro traz um CD com 130 vocalizes.

Participações em coletâneas e CDs

Em 2003 participou do CD *Divas do Brasil*, uma coletânia de cantoras brasileiras. Participam do CD Elis Regina, Zizi Possi, Cássia Eller, Daniela Mercury, Ana Carolina, Ivete Sangalo entre outras, tendo sido lançado em Portugal. A música escolhida foi "Sempre Longe" de sua própria autoria.
Também em Portugal participou do CD *Brasil Lounge* com a música "4 Paredes", que também está no CD *Mosaico*. Coletânea de novos cantores da MPB.

Gravações

Participou do CD 23 de Jorge Ben Jor como *backing vocal*; do CD *Mestiçço* da banda Terra Brasil; do CD *Paisagem Bailarina* de Carlinhos Antunes; do CD

Rapsódia Paulistana de Cassio Gava e no CD *Salsa, Samba e Groove* de Guga Stroeter, produzido por Arto Lindsay.

Campanhas publicitárias

Campanhas políticas, jingles (cinema e TV) e desenho animado "Mamãe quero ser um peixe", "Rugrats", "Snoop", "Um Duende em Nova York", "Cavaleiros do Zodíaco", Café Pilão, Honda, entre outros.

Outros shows

Tutti Baê é por vezes convidada a fazer Tributos , realiza o show "Tributo às Cantoras de Jazz" onde homenageia Diane Schuur, Sarah Vaughan, Bessie Smith, Dinah Washington, Carmen Mc Ray entre outras.
Foi convidada pelo Sesc Pompéia a fazer o "Tributo a Clara Nunes" e fez o "Tributo a Billie Holliday" no All of Jazz . Em setembro de 2003 foi convidada pelo Sesc Pinheiros a realizar os tributos a Ella Fitzgerald e Charles Mingus juntamente com o guitarrista Djalma Lima.
Participa do show "Womans in Blues", juntamente com Graça Cunha e Dadá Cyrinu. No repertório, estão os clássicos do Blues. No Sesc Belenzinho, Bleecker Street entre outros se apresentou com o gaitista Sérgio Duarte e a Entidade Joe. No Sesc Vila Mariana Tutti participou do show do pianista de Chicago Doni Nitchilo.
Em março de 2005 foi convidada pelo pianista Marco Bernardo a participar do show em Tributo à Waldir Azevedo, onde Tutti cantou alguns dos clássico do choro como "Camundongo" e "Brasileirinho", entre outras.

Para outras informações visite:
site - www.tuttibae.com.br
e-mail - tuttibae@uol.com.br
    tuttibae@tuttibae.com.br
fone - 11 5679-5449

Claudia Pacheco

Fonoaudióloga formada pela Pontifícia Universidade Católica de São Paulo - PUC-SP.
Atua em consultório a partir de 1982.
Desde 1996 vem se dedicando ao estudo e trabalho com a voz, cantada e falada, tendo obtido o título de Especialista em Voz em 2001 pelo CEFAC-SP - Centro de Especialização em Fonoaudiologia Clínica.
Foi fonoaudióloga colaboradora da Clínica Escola CEFAC - Departamento de Voz, de 2000 à 2004 e da equipe de otorrinolaringologia - Grupo Voz, do Hospital das Clínicas-Faculdade de Medicina da Universidade de São Paulo - FMUSP-SP de 2003 à 2005.
Fonoaudióloga do Núcleo de Otorrinolaringologia e Cirurgia de Cabeça e Pescoço de São Paulo - Coordenação Dr. José Antonio Pinto, 2003/2004.
Em 2004, participou do curso *The Estill Voice Model*, níveis I, II e III, na Universidade de Pittsburgh - Departamento de Voz.
Em 2005, participou de *Master Class* com a professora Jeannie LoVetri e de seu curso *Contemporary Commercial Music*.
Ministrou palestras para dubladores, cantores e consultores nas empresas Linguagem Direta e Plenavox.
Participou da semana da Voz da UNG - Universidade de Guarulhos em 2005 com a palestra "Características da Voz Cantada".
Realiza trabalhos na área de comunicação profissional, assessoria a cantores, grupos vocais e professores de canto.
Sua formação pessoal em canto inclui aulas com Cecília Valentim, Selma Boragian, Catarina J. Fischer, Juvenal Moura e Beth Amin. Fez curso básico de teatro na escola Célia Helena.
Atualmente estuda piano e teoria musical na escola Groove em São Paulo.

Contatos:
e-mail - mrpacheco@superig.com.br
fone - 11 9615.4434

Bibliografia

BAÊ, T. Canto – uma consciência melódica. São Paulo, Editora Irmãos Vitale S.A., 2003.
BEHLAU, M. Voz o livro do Especialista (Vol I). Rio de Janeiro, Editora Revinter, 2001.
BEHLAU, M. Voz o livro do Especialista (Vol II) Rio de Janeiro, Editora Revinter, 2005.
BEHLAU, M. & PONTES, P. Higiene Vocal - Cuidando da voz Rio de Janeiro, Editora Revinter, 2001.
BOONE, D. R. & McFARLANE, S. C. A Voz e a Terapia Vocal. Porto Alegre, Editora Artes Médicas, 1994.
BUNCH, M. A. Dynamics of the Singing Voice. 3ª ed., New York, Springer-Velag/Wien, 1995.
CAMPIGNION, P. Respir-Ações. São Paulo, Editorial Summus, 1998.
CANDÉ, R. História Universal da Música (Vol I). Rio de Janeiro, Editora Martins Fontes, 2001.
CARPEAUX, O. M. Uma Nova História da Música. Rio de Janeiro, Editora Ediouro, 1958.
CLEVELAND, T. F. Registers and Register Transition. J. Singing, 55(3): 67-68, 1999.
COLTON, R. H. C. & CASPER J. K. Compreendendo os Problemas da Voz. Porto Alegre, Ed. Artes Médicas, 1996.
COSTA H. O. & ANDRADA e SILVA, M. A. Voz Cantada. São Paulo, Editora Lovise, 1998.
COSTA e ROSA, L.L. Vibrato Sertanejo: análise acústica e correlatos fisiológicos no trato vocal. Dissertação de Mestrado FMUSP – SP, 2003.
DEJONCKERE, P. H., HIRANO, M., SUNDBERG, J. Vibrato. San Diego, 1995.
DINVILLE, C. A Técnica da Voz Cantada. Rio de Janeiro, Enelivros, 1993.
ELLMERICH, L. História da Música. Rio de Janeiro, Boa Leitura Editora S.A., 1964.
ESTILL, J. The Estill Voice Model Level I, II. Pittsburgh, Estill Voice Training Systems International, 2003.
HANAYAMA, E.M. Voz Metálica: estudos das características fisiológicas e acústicas. Dissertação de mestrado FMUSP-SP, 2003.
HIRANO, M. Vocal Mechanisms in Singing. Laryngological and phoniatric aspects. J. Voice, 2:51-69, 1988.
HIRANO, M. & BLESS, D. M. Exame Videoestroboscópico da Laringe. Porto Alegre, Editora Artes Médicas, 1997.
KENT, R. D. & READ, C. The Accoustic Analysis of Speech. San Diego, Singular Publishing Group, 1992.
LOUZADA, P. As Bases da Educação Vocal. Rio de Janeiro, Ed. O Livro Médico Ltda, 1982.
LOVETRI, J., LESH, S., WOO, P. Preliminary Study on the Ability of Trained Singers to Control the Intrinsec and Extrinsic Laryngeal Musculature. J. Voice, 13(2):219-226, 1999.
MARSOLA, M. & BAÊ, T. Canto – uma expressão. São Paulo, Editora Irmãos Vitale S.A., 2001.

MED, B. Teoria da Música. Brasília, Editora Musimed, 4ª edição revista e ampliada, 1996.

MILLER, R. The Structure of Singing System and Art in Vocal Technique. New York, Schrimer Books, 1996.

NIX, J. Lip Trills and Raspberries: "High Spit Factor" Alternatives to the nasal continuant consonant, J. Singing, 55 (3): 15-19, 1999.

OLIVEIRA, V.L. A Qualidade da Voz e o Trato Vocal nos Indivíduos de Face Curta e Face Longa. In: Tópicos em Voz. Rio de Janeiro, Guanabara Koogan S.A., 2001.

PACHECO C.O.L.C., Marçal M., Pinho S.M.R. Registro e Cobertura: arte e ciência no canto. Revista Cefac. 2004; 6(4): 429-435.

PALISKA, C. V. & RONALD, J. G. História da Música Ocidental. Portugal, Editora Gadiva, 1958.

PERELLÓ, J. Canto – Dicción: foniatria estética. Barcelona, Editorial Científico-Médica, 1975.

PIMENTA, J. A voz do negro. In: Tópicos em Voz. Rio de Janeiro, Guanabara Koogan S.A., 2001.

PINHO, S. M. R. Manual de higiene vocal para profissionais da voz. Carapicuíba, SP. Pró-Fono Departamento Editorial, 1999.

PINHO, S.M.R. Avaliação e Tratamento da Voz. In: Fundamentos em fonoaudiologia: Tratando os Distúrbios da Voz. Rio de Janeiro, Guanabara Koogan S.A., 1998.

PINHO, S.M.R. Tópicos em Voz. Rio de Janeiro, Guanabara Koogan S.A., 2001.

PINHO, S. M. R., JOVAZINO, P. R. Quadro para avaliação vocal de correspondentes tonais. Barueri, Pró-FONO, 2003.

PINHO, S. M. R., TSUJI, D. H., BOHADANA, S. C. Fundamentos em Laringologia e Voz. Rio de Janeiro, Editora Revinter, 2006.

SATALOFF, R. Professional Voice – The Science and art of clinical care. New York, Raven Press, 1991.

SOBOTTA, J. & BECHER H. Atlas de Anatomia Humana. Rio de Janeiro, Guanabara Koogan,1997.

SOUCHARD, P. E. Respiração. São Paulo, Editorial Summus, 3ª ed., 1989.

TITZE, I. The use of low first formant vowels and nasals to train the lighter mechanism. J. of Singing, 55(4):41-43, 1999.

VERDOLINI, K., DRUKER, D., PALMER, P., SAMAWI, H. Laryngeal adduction in resonant voice. J. Voice, 12(3): 2234-2243.

WEST, J.B. Fisiologia Respiratória Moderna. São Paulo, Ed. Manole Ltda, 3ª ed., 1986.